Caroline Klade

Die Kraft des Wortes

CAROLINE KLADE

DIE KRAFT DES WORTES

Gekonnt argumentieren und überzeugen

SiGNUM

Besuchen Sie uns im Internet unter
www.signumverlag.de

Schutzumschlag: g@wiescher-design.de
Satz: net[t]werker, München
Gesetzt aus der 10.5/13,5 Punkt Optima
Druck und Binden: CPI Moravia Books GmbH
Printed in EU
ISBN: 978-3-85436-410-8

Inhaltsverzeichnis

Vorwort

»Eigentlich geht es mir ganz gut«, antwortete eine gute Freundin auf die Frage nach ihrer Befindlichkeit mit hängenden Schultern und ebensolchen Mundwinkeln. In mir meldete sich der Zweifel. Kurz darauf läutete mein Mobiltelefon. Der Werkmeister, in dessen Autowerkstatt sich mein Auto gerade zur Reparatur befand, teilte mir mit, dass es im Prinzip fertig wäre, um nach einigem Zögern nachzusetzen, dass möglicherweise aber doch noch eine Kleinigkeit fehle. Ich bemerkte, dass ich unsicher wurde. War das Auto nun fertig oder nicht? Und als mein jüngster Sohn mir nach meiner Ankunft im trauten Heim auf die Frage, ob er denn für seine Mathearbeit gut vorbereitet sei, mit einem ausweichenden Blick in den Garten sagte: »Im Großen und Ganzen schon«, krümmte sich mein Innerstes zu einem Fragezeichen.

Ich begann nachzudenken, welche Beiläufigkeit und Doppelbödigkeit diese Botschaften, die ohne Zweifel von keiner der Personen böse gemeint waren, enthielten. Ich spürte, wie sie mich verunsicherten und was für eine gänzlich andere Information die Mimik, die Haltung, die Stimme und die Tonlage signalisierten. Und ich bemerkte die Wirkung auf mich als die Empfängerin dieser Mitteilungen und auch auf jene selbst, die sie äußerten. Kraftlos und schwach erschienen sie mir für alle Beteiligten. Das machte mich neugierig, und ich begann aufmerksam zu beobachten, hinzuhören und intuitiv aufzunehmen, wie meine Mitmenschen Worte anwenden. Des Weiteren nahm ich auch meine eigene Ausdrucksweise unter die Lupe, um zu prüfen, welche Formulierungen sicher und kräftig klangen und welche beim Empfänger im vollen

Umfang ankamen und welche eben nicht. Ich sondierte, nach welchen Worten ich mich stark und selbstbewusst fühlte und welche Sätze mich klein und schwach machten. Schließlich fand ich heraus, wie sehr meine Sprache mit meinem Denken, meinem Fühlen und den Programmierungen meines gesamten bisherigen Lebens zu tun hatte.

Dass es sich dabei um keine sensationelle Neuerkenntnis handelte, war mir klar. Dennoch weise ich auf »Stolpersteine« in der täglichen Kommunikation hin, diese werden auf den nachfolgenden Seiten angeführt und abgehandelt. Oft sind es nur Feinheiten/Nuancen, die den Unterschied zwischen einer kraftlosen, ja schwächenden Formulierung und einer energiereichen, starken Ausdrucksweise ausmachen. Die »Aha«-Erlebnisse meiner Seminarteilnehmerinnen und -teilnehmer, nachdem sie sich ihrer ungenauen, energieraubenden Sätze bewusst wurden, bestätigten und ermutigten mich, mich weiter in die Materie und vor allem in die Details zu vertiefen. Ich freue mich, Ihnen in diesem Buch meine langjährigen Erfahrungen und mein Wissen auf diesem Gebiet zu präsentieren.

Anhand zahlreich bewährter Modelle aus der Kommunikationstheorie, der Psychologie, der Verhaltensforschung und der Verhandlungstechnik werden Sie Bausteine für eine wirk- und einprägsame Sprache – eine Sprache des Selbstvertrauens – kennenlernen. Beim Lesen dieser zahlreichen Beispiele – viele davon verdanke ich meinen Seminarteilnehmer/-innen, welche selbstverständlich anonym bleiben – werden Sie schnell die Unterschiede zwischen kraftvoller und kraftloser Sprache erkennen können. Und vor allem, welche Veränderungen Sie an sich selbst feststellen werden, wenn Sie sich einer positiven energiereichen Sprache bedienen.

Worte sind immer das Ergebnis von Gedanken. Mit ihnen programmieren Sie Ihr Unterbewusstsein. Mit Ihren Gedanken erschaffen Sie Ihre persönliche Wirklichkeit. Über die Sprache wiederum teilen Sie diese Wirklichkeit mit anderen Menschen, die Resonanz von dieser wird auf Sie reflektiert.

Deshalb sind Glück und Erfolg für mich die logische Folge von Denken, Sprechen, Erkennen und aus den genutzten Chancen, welche das Leben für uns bereithält. Wir alle sind täglich gefordert, unser Leben in vielfältigen Situationen zu »meistern«, beziehungsweise zu bewältigen. Ich sage Ihnen: Alles, was Sie denken, glauben und erstreben, können Sie auch umsetzen und erreichen. Richten Sie Ihre Aufmerksamkeit und Ihren Fokus stets auf das Positive, und Sie werden vermehrt Ihre Ziele erreichen.

Ich lade Sie hiermit gerne ein auf eine Reise ins Land der Gedanken und der Sprache, an deren Ende mehr Selbstvertrauen, Selbstbewusstsein und damit Erfolg auf Sie warten.

Caroline Klade, Wien, im September 2009

Grundzüge der Kommunikation

»Man kann nicht nicht kommunizieren!«

Sobald zwei Personen sich gegenseitig wahrnehmen, kommunizieren sie bereits miteinander. Jedes menschliche Verhalten hat kommunikativen Charakter. Der in Österreich geborene Kommunikationswissenschaftler Paul Watzlawick versteht Verhalten jeder Art als Kommunikation. Da Verhalten kein Gegenteil hat, man sich also nicht *nicht* verhalten kann, ist es auch unmöglich, nicht zu kommunizieren. Somit kommunizieren wir auch nonverbal und unbewusst.

Wir kommunizieren auf der Basis innerer Bilder und Vorstellungen. Diese Bilder, die wir uns von der Wirklichkeit machen, decken sich mit dieser nur teilweise. Jede Person hat ein anderes Bild von derselben Situation, und in jedem Bild steckt ein Stück Wahrheit, weil jeder Mensch die Wirklichkeit different wahrnimmt. Wir treffen bewusst und unbewusst unsere persönliche Auswahl in der Wahrnehmung der Wirklichkeit, haben also eine »selektive Wahrnehmung«. Da wir dazu neigen, unsere Wahrnehmung für die einzig richtige und unsere Bilder von Details für das Ganze zu halten, kann es ohne weiteres geschehen, dass zwei Personen, die dieselbe Meinung vertreten, heftig miteinander streiten, ohne zu merken, dass sie beide dasselbe meinen.

Lassen Sie mich diese Situation durch ein altes Gleichnis veranschaulichen: Fünf Blinde wollen die Gestalt eines Elefanten beschreiben. Jeder bekommt nur einen Teil vom Tier zu fassen, da sich der Elefant schnell weiterbewegt. Einer ertastet den Rüssel, einer ein Bein, einer den Bauch, einer den Schwanz und einer einen Stoßzahn. Jeder versucht aufgrund seiner Erfahrung, für sich allein zu rekonstruieren, welche Gestalt ein Elefant hat. So streiten sie darüber, ob er glatt, rissig, dick, dünn, weich, flach, rund oder lang ist.

So oder ähnlich geht es uns Menschen mit unserer Wahrnehmung von Wirklichkeit. Ein Antrieb für unsere selektive Wahrnehmung sind unsere Bedürfnisse und unsere Ziele. Wir nehmen zunächst wahr, was unsere Bedürfnisse befriedigen hilft oder uns daran hindern könnte. Deshalb begegnen wir Menschen unterschiedlich, je nachdem, ob wir Kontakt suchen, Anerkennung, eine Partnerin/einen Partner oder potenzielle Kunden suchen. Diese Motive steuern unbewusst unsere Wahrnehmungen, sodass Menschen einer Gruppe, zum Beispiel mögliche Partner/-innen, einander wesentlich schneller bemerken und miteinander in Kontakt kommen als diejenigen, deren Augenmerk darauf nicht ausgerichtet ist.

Ein weiteres Kriterium für die Selektion unserer Wahrnehmungen sind unsere eigenen/persönlichen Ansprüche, die wir im Laufe unseres Lebens auf-/angenommen haben und die uns leiten. Wir projizieren diese auch auf andere Menschen und bewerten danach. Alle gespeicherten Erfahrungen wirken sich direkt auf unsere Sichtweise der Realität aus; dementsprechend empfinden wir andere gut, sympathisch, erfolgreich, anziehend oder eben nicht, je nachdem, ob sie unseren Ansprüchen zum Beispiel an Sauberkeit, Arbeitsmoral, Beziehungskompetenz oder Selbstsicherheit entsprechen.

Diese persönlichen Bilder der Wirklichkeit sind Grundlagen unserer Kommunikation. Wir verständigen uns in der Annahme, dass die anderen Menschen dieselben Bilder in sich tragen. Das ist meist nicht der Fall, jedenfalls sicher nicht vollständig. Je mehr wir bereit sind, unsere subjektive Wahrnehmung der Wirklichkeit zu reflektieren, desto größer ist die Wahrscheinlichkeit einer gegenseitigen Verständigung. Wer sich selbst als Kamera versteht, die nur einen Ausschnitt filmt, diesen vergrößert und ergänzt, wird erfolgreich kommunizieren.

Kommunikative Kompetenzen

Sämtliche Vorgänge, durch die wir miteinander in Beziehung treten – oder auch diese vermeiden –, sind kommunikative Vorgänge. Die Prozesse des Sendens und Empfangens von Botschaften überschneiden sich ständig und sind nur theoretisch voneinander zu trennen. Kommunikation ist ein Ganzes. Sie ist das Fluidum unseres Menschseins, unseres Wirkens, unserer Beziehungen und häufig auch unseres individuellen Glücks.

Aspekte der Kommunikation

Empfänger	**Sender**
Wahrnehmung Geschieht über alle Sinne; Offenheit für die Vielfalt der Signale	**Klarheit** Botschaften in Symbole übersetzen
Verständnis Die Bedeutung, die man dem Wahrgenommenen beimisst	**Stimmigkeit** Die Übereinstimmung aller bewussten und unbewussten Signale
Bewusstheit Ermöglicht, aktiv zuzuhören und Situationen zu relativieren	**Ausstrahlung** Die Kraft, die im »Senden« liegt

Es gibt keine Patentrezepte für das Gelingen menschlicher Kommunikation, wohl aber etliche sehr effiziente Zutaten, die die Erfolgswahrscheinlichkeit erhöhen.

Stabiler Selbstwert begünstigt die Kommunikation

Selbstwert ist die Qualität der Gefühle und der Vorstellungen, die ich über mich selbst habe. Selbstwert beinhaltet meine Selbstachtung und Wertschätzung gegenüber meiner Person selbst und meinen Empfindungen. Die amerikanische Familientherapeutin Virginia Satir verglich den Selbstwert mit einem großen Topf, der viel oder wenig Inhalt haben kann. Ein voller Topf bedeutet: »Ich weiß, dass die Welt ein Stück reicher ist durch mein Dasein. Ich glaube an meine Fähigkeiten, meine Entscheidungskraft. Ich strahle Vertrauen aus. Ehrlichkeit, Integrität, Verantwortlichkeit, Liebe und Leidenschaft strömen frei aus mir.« Ein niedriger Pegel im Topf bedeutet, dass eine Person findet, wenig wert zu sein, dass sie negative Erfahrungen hat und schnell das Gefühl bekommt, sich schützen oder verteidigen zu müssen. Sich angeschlagen, verletzt, nicht liebenswert, schuldig, voll Scham zu fühlen, vermindert den Selbstwert. Häufig verstecken sich Menschen mit dauerhaft schlechtem Selbstwert hinter einer Wand des Misstrauens, der Isolation, Gleichgültigkeit, Überaktivität oder Aggression. Niedriger Selbstwert bedingt ein Grundgefühl, das heißt: »Ich bin nicht gut so, wie ich bin.«

> **»Was jemand von sich selbst denkt, bestimmt sein Schicksal.«**
> Mark Twain

Des Öfteren versuchen Menschen für sie unangenehme Gefühle durch ihr entsprechendes Verhalten zu ignorieren und zu negieren. Unangenehme Gefühle nicht wahrhaben oder annehmen zu wollen, führt in eine abwärts verlaufende Spirale negativer Gefühle und destruktiver Gedanken.

Jemand fühlt sich miserabel und ärgert sich darüber, dass es ihm miserabel geht. Eine andere Variante ist die abwertende oder selbstbestrafende Haltung. Man empfindet, dass Glück und Erfolg einem gar nicht zustünden – man ist es sich nicht wert, ein glückliches Leben zu führen.

Die Wurzeln des Selbstwertgefühls

Das individuelle Selbstwertgefühl hängt eng mit den Kommunikationserfahrungen zusammen, die der Einzelne gemacht hat und macht. Erfahrungen von Übereinstimmung, Harmonie und Anerkennung stärken und nähren den Selbstwert. Alle unsere persönlichen Bewertungen haben einen sozialen Hintergrund: Wir vergleichen und »nehmen Maß« aufgrund unserer sozialen Zugehörigkeit. Auch uns selbst bewerten wir im sozialen Kontext. Dabei sind die folgenden Aspekte bedeutsam:

- *Bedürfnis nach Übereinstimmung*
  Wir alle sind soziale Wesen, biologisch auf Kontakt und Beziehung ausgelegt, und orientieren uns an anderen Menschen mit einem hohen Bedürfnis nach Anpassung. Unser Selbstwertgefühl wurzelt daher im Erleben der Übereinstimmung von Wertesystemen und nach Übereinstimmung der Selbst- und Fremdeinschätzung.

- *Bedürfnis nach Anerkennung*
  Anerkennung ist ein elementares menschliches Bedürfnis. Wir brauchen diese Quelle außerhalb unserer eigenen Person für unser Wohlbefinden und zur Reifung unserer mentalen Stärke. Unser Selbstwertgefühl wurzelt daher in der Anerkennung als Person mit unserer Identität, der sexuellen Rolle und des Körpers, unserer Leistung (Arbeit) und der Wertschätzung dieser Leistung durch Geld und materielle Sicherheit.

Diese Aspekte des Selbstwerts erleben wir als Bedürfnisse. Die dauerhafte Befriedigung dieser Bedürfnisse stützt unseren Selbstwert. Eine Abweichung einer dieser Bereiche kann eine persönliche Krise auslösen und unser Selbstwertgefühl empfindlich stören.

- *Aktuelle und lebensgeschichtliche Wurzeln*
  Die Wurzeln unseres Selbstwertgefühls sind zum Teil sehr tief und reichen bis in unsere frühe Kindheit zurück. Wenn ein Kind keine Anerkennung und Wertschätzung erfährt, kann es psychisch nicht gesund überleben. Alle positiven Erfahrungen werden in unserer Psyche/in unserem Gehirn gespeichert. Dazu kommen wiederkehrende neue (kleinere) Wurzeln, die aufgrund aktueller Erlebnisse in unseren gegenwärtigen Beziehungen und Kontakten gebildet werden.

- *Beziehung zu mir selbst*
  Im Laufe unserer subjektiven Entwicklung hat diese Verbindung zu unseren Wurzeln große Bedeutung: Wir empfinden die Zuwendung der Wertschätzung anderer als Energiequelle in uns selbst. Aus dieser Quelle und auch aus eigener mentaler Verinnerlichung beziehen wir die Energie für unsere zwischenmenschlichen Kommunikationskompetenzen.

Jede Beziehung, jedes Erlebnis, jede Erfahrung prägt unser Wesen, unser eigenes »Selbst«. In dieses gesamte Selbst ist die Wahrheit unserer Lebensgeschichte, aufgrund derer wir Leben gestalten. Das »Bejahen« unserer eigenen Geschichte, unserer Wurzeln, macht diese Quelle nutzbar. Indem wir unsere Herkunft, unsere Eltern und alle wichtigen Beziehungen unseres Lebens bejahen, können diese Wurzeln kräftig werden und schwächere stärken. Der Weg zu diesem »Ja« ist mühsam und oft schmerzhaft. Denn Selbsterfahrung heißt, sich mit der eigenen Geschichte, mit seiner Persönlichkeit und seinem individuellen Wertesystem auseinanderzusetzen.

Krücken des Selbstwerts

Geringer Selbstwert verursacht psychischen Stress. Wir kommen in Not und suchen nach Ersatz. Je schwächer der Selbstwert, umso oberflächlicher und destruktiver kann dieser Ersatz sein.

Dafür gibt es typische Strategien:

- *Entwertung anderer*
  Ich fühle mich überlegen – auf Kosten anderer.

- *Stärkung anderer*
  Ich suche mir »Unterlegene«, um ihnen zu helfen, damit ich mich überlegen fühlen kann. Ich helfe sozusagen aus dem eigenen Mangel heraus.

- *Konsumzwang*
  Ich kaufe Dinge, auch solche, die ich nicht brauche, häufig im Übermaß. Ich esse, rauche, trinke unmäßig und so weiter.

- *Anerkennungszwang*
  Ich suche zwanghaft nach Gelegenheiten, in denen ich »Applaus« bekomme.

Der bewusste Umgang mit dem Selbstwert wird als »Selbstachtung« bezeichnet. Die Selbstachtung ist gewissermaßen eine innere Instanz, die kommunikative Signale auf bewertende Botschaften untersucht, uns innerlich schützt und Auswirkungen der eigenen Handlungen überprüft.

Wer sich selbst achtet, handelt auf der Basis von Werten und übernimmt die Verantwortung für sein Tun, kann auch Fehler wahrnehmen und korrigieren, weil er/sie auf seine/ihre Werte vertraut. Nur wer sich aus geringem Selbstwertgefühl perfekt, unangreifbar und überheblich zeigen muss, erträgt die eigenen Schwächen nicht und versucht diese zu vertuschen oder zu überspielen.

Wer jedoch sich selbst achtet und akzeptiert, lebt mit Unsicherheiten wohlwollend und geht mit diesen selbstbewusster um. Unsicherheiten sind ein Teil des Menschseins, und temporäre Überwindungen dieser sind förderlich zur Bewältigung von Konfliktsituationen.

Selbstachtung und Selbstaktzeptanz sind wichtige Ziele in der Entwicklung der eigenen Persönlichkeit. Die herkömmlichen Entwicklungsmechanismen gefährden den Selbstwert und die Selbstachtung häufig oder stören diese zumindest. Soziale Kompetenz, glückliche Beziehungen, Leistungsfähigkeit, Zielstrebigkeit und eine humane Gesellschaft – all dies gedeiht und entwickelt sich bei sozial vernetzten Menschen mit Selbstachtung.

Ein positiv gestärktes Selbstwertgefühl hat auch eine bedeutende soziale Komponente. Denn: Wer sich selbst wirklich achtet, achtet auch die anderen. Wer die »Quelle« des Selbstwerts in sich kennt, kann mit allen sozial vernetzten Personen in mentalen und psychischen Erfahrungsaustausch treten. In gegenseitiger Wertschätzung entwickeln alle Personen ihre eigenen sozialen Kompetenzen weiter.

Oft sind Selbstwert und Selbstachtung aufgrund der persönlichen Lebensgeschichte schwächer ausgeprägt. In vielen Fällen ist eine intensive Selbsterfahrung oder auch eine entsprechende Therapie für die subjektive Weiterentwicklung empfehlenswert. Ein erwachsener Mensch kann die Verantwortung für die Stärkung seines Selbstwerts übernehmen und mit Disziplin für sein seelisches Wohlergehen sorgen. Ich stelle Ihnen ein paar Übungen dazu vor:

1. »Ich mag mich!«

Die wirkungsvollste, aber auch schwierigste Übung besteht darin, dass Sie sich sagen: »Ich mag mich« – frei nach dem Motto: »Ich bin der/die Herr/Frau Wichtig und mache alles richtig!« Sagen Sie sich diesen Satz 100 (!) Mal am Tag. Dabei werden Sie zunächst eine verwirrende Erfahrung machen. Alles wird sich in Ihnen sträuben, so etwas zu sagen, und wenn Sie sich dazu durchringen, werden Sie das Gefühl nicht los, sich etwas einzureden, was nicht stimmt. Sie haben das Gefühl, sich zu belügen. Dies ist völlig normal. Es darf aufkommen, weil Sie in dieser Phase noch nicht davon überzeugt sind, dass Sie selbst liebenswert sind. Erst wenn Sie sich diese Worte verinnerlicht haben, wird es auch für Sie glaubwürdiger, und das Gefühl, sich zu belügen, verstummt. Um Ihr Selbstvertrauen zu steigern, müssen Sie bereit sein, Ihre negative Meinung von sich durch eine positive zu ersetzen.

2. »Ich akzeptiere mich so, wie ich bin!«

Erstellen Sie eine Liste mit Eigenschaften und Verhaltensweisen,

- *die Sie an sich mögen,*
- *mit welchen Sie leben können,*
- *die Sie an sich ablehnen.*

Nehmen Sie sich nacheinander die Eigenschaften vor, die Sie an sich ablehnen. Sagen Sie sich bei jeder Eigenschaft – am besten laut: »Mir gefällt nicht, dass ich ... habe/mache/bin. Ich bin bereit, mich damit anzunehmen, solange ich so bin. Ich habe Fehler und Stärken wie jeder Mensch.«

3. »Das habe ich gut gemacht!«

Lassen Sie abends Ihren Tag Revue passieren und lenken Sie Ihre Aufmerksamkeit auf das, was Ihnen gelungen ist, was für Sie selbst positiv war. Es gibt jeden Tag etwas, wofür Sie sich loben können. Es muss nichts Außergewöhnliches sein, auch was an-

deren schon immer gelingt und Ihnen das erste Mal, ist ***für Sie*** *ein Erfolg.*

4. Die ganz banale Alltagsübung

Sie nehmen sich am Morgen Folgendes vor: »Heute trinke ich nur Wasser; also kein Bier, keinen Wein, keinen Tee, keinen Kaffee – nur Wasser. Und das nur heute.«

Oder: »Heute esse ich nichts Süßes, also kein Dessert, keinen Kuchen, keine Schokolade, nicht einmal ein süßes Getränk. Nur heute.«

Wenn Sie das regelmäßig täglich machen, reihen Sie Erfolgserlebnis an Erfolgserlebnis. So gewöhnen Sie sich daran, dass Sie sich auf sich selbst verlassen können. Diese Erfahrung ist von unbezahlbarem Wert. Sie stärkt außerdem enorm das Selbstvertrauen.

Seien Sie kreativ bei der Auswahl der Übungen. Nehmen Sie sich täglich nur eine vor und ziehen Sie diese durch. Das reduziert Ihr Ohnmachtsgefühl und stabilisiert den Selbstwert.

In Resonanz gehen

Effektive Kommunikation erhält und verbessert den Selbstwert aller Beteiligten. Positiver Selbstwert gedeiht in einer Atmosphäre, in der Fehler toleriert werden und Regeln veränderbar sind. Diese Grundhaltung ist förderlich und der Sozialkompetenz zuträglich.

Wo ehrliche, authentische Begegnungen möglich sind, beginnen Menschen einander innere Wahrheit zu eröffnen. Diese soziale Nähe ist die Basis für Freundschaft und Liebe. Meist ist es die Befürchtung, nicht geliebt zu werden, die verhindert, dass wir uns anderen öffnen können. Gerade dieses Sich-öffnen-Können ermöglicht jedoch erst, dass wir einander wahrnehmen – wie wir sind. Ein Grundbedürfnis eines jeden Menschen ist, von anderen in seiner individuellen Eigenart wahrgenommen zu werden.

Mit anderen teilen wir die gleichen Resonanzschwingungen. Diese Resonanz ist auch eine wichtige Quelle dafür, sich an- und wahrgenommen zu fühlen. Wer diese nicht empfängt, ist permanent jedenfalls auf der Suche danach. So wie zum Beispiel ein Kind, welches verspottet wird, weil es dick ist. So lange ihm Anerkennung fehlt, isst es weiter. Auf verschiedensten Umwegen wird er/sie versuchen, andere GesprächspartnerInnen durch ineffektives Kommunikationverhalten zu erreichen. Meist mit wenig Erfolg. Menschen, die fähig sind, anderen mit einer inneren »Aktzeptanz« zu begegnen, also Resonanz zu senden, werden als angenehm empfunden: Diese Menschen erfüllen in anderen eine tief verwurzelte Sehnsucht nach Anerkennung. Nur in der sozialen Begegnung mit anderen können wir uns psychisch und mental austauschen, voneinander positiv profitieren und lernen. Dabei steht die Qualität der Resonanz im Vordergrund – sie ist die Basis der emotionalen Intelligenz und des sozialen Miteinanders.

Menschen wollen wirken

Wenn Menschen miteinander leben, versuchen sie ständig auf die Menschen ihrer Umwelt Einfluss zu nehmen. Im Beruf, in der Nachbarschaft, in der Familie. Wer nicht als Einsiedler lebt, will in Beziehung treten, hat Wünsche an die anderen, möchte etwas mitteilen oder sucht einfach nur Nähe. In allen Lebenssituationen, in denen wir mit anderen Menschen zusammen sind, versuchen wir diese zu einem Verhalten zu bringen, das unseren Wünschen, Zielen und Plänen entspricht.

Wie aber üben wir nun Einfluss auf andere Menschen aus? Den wenigsten von uns ist die Gabe der Telepathie gegeben – und die wenigsten Menschen aus unserer sozialen Umwelt haben die Fähigkeit hellzusehen (obwohl sich viele Menschen wünschen würden, dass der Partner oder der Kollege die eigenen Wünsche erraten könnte ...). Abstrakt kann man es so ausdrücken: Wir üben Einfluss auf andere aus, indem wir den anderen über ihre Sinnessysteme Botschaften zukommen lassen. Das sind zum Beispiel Worte, das sind Gesten oder auch Berührungen, wie ein Schubs mit dem Ellenbogen oder ein Streicheln. Auch über den Geruchssinn üben wir Einfluss auf andere aus – »zur Freude der Parfümindustrie«.

Körpersprache und Stimme sind mächtig

Die meisten direkten Botschaften sind verbale und nonverbale. In den letzten Jahren ist eine Theorie sehr populär geworden, die gerade den Stellenwert der nonverbalen Botschaften besonders hervorhebt. In einer umstrittenen Studie kam Professor Albert Mehrabian von der University of California schon in den 60er-Jahren des vorigen Jahrhunderts zu dem Schluss, dass der rein verbale Anteil an der Wirkung nach außen wesentlich geringer ist als die »Verpackung« unserer Aussagen und die begleitende Gestik und Mimik.

Demzufolge erreichen vom Inhalt einer verbalen Botschaft den Empfänger:

- 7 Prozent Gesprächsinhalt,
- 55 Prozent Körpersprache und
- 38 Prozent Tonalität.

Auch wenn den Zahlen von Professor Mehrabian vielfach widersprochen wurde, so stimmt sicher, dass Gestik, Mimik und die sprachliche Betonung einer Aussage entscheidend zur Verstärkung der Wirkung beitragen oder eine Botschaft nicht entsprechend wahrnehmen lassen.

Mit Worten auf andere wirken

Das ist ein zentrales Thema vieler Rhetorikseminare und einschlägiger Lehrbücher. Wie kann ich gut argumentieren? Wie kann ich andere von meinen Zielen überzeugen? Wie kann ich meine Botschaft so präsentieren, dass sie gut angenommen wird? Über die typischen Rhetoriklehren hinausgehend, zeige ich Ihnen, verehrte Leserin, verehrter Leser, welche Worte und welche Formulierungen besonders wirksam sind. Kraftvolle Sprache besteht in der Verwendung positiver, wirkungsvoller Worte und im empfängergerechten, selbstsicheren Formulieren. Sie werden anhand vieler Beispiele die Baupläne für eine einflussreiche Sprache, für die Sprache des Selbstvertrauens, kennenlernen.

Vielfach sind es nur Feinheiten, die den Unterschied zwischen einer kraftlosen Formulierung und einer wirksamen Ausdrucksweise ausmachen. Während des Lesens dieses Buchs werden Sie dafür zunehmend Sensibilität entwickeln. Entsprechende, darauf abgestimmte Übungen werden Ihnen den Weg zu einer effizienten, kraftvollen Kommunikation ebnen.

Die autosuggestive Wirkung der Sprache

Der zweite, ebenso interessante Effekt der kraftvollen Sprache ist die Reflexion auf die Sprecherin/den Sprecher. Die Wahl von sinnhaften, wirkungsvollen Worten, welche mit einem gestärkten Selbstvertrauen kommuniziert werden, wird durch die Aufnahme/Reaktion vom Empfänger wiederum auf den Sender reflektiert.

Die Gehirnforschung der jüngeren Zeit zeigt auf, dass jeder Gedanke, den wir formulieren und aussprechen, im Gedächtnis gespeichert wird. Was wir formulieren, das lernen wir auch zugleich. Ein Gedanke ist dann nicht mehr flüchtig, sondern in eine konkrete Form gegossen. Und wenn wir gewisse Sachverhalte immer mit denselben Formulierungen ausdrücken, dann haben diese auch eine »autosuggestive« Wirkung. Es ist daher nicht egal, wie wir einen Sachverhalt in Worte kleiden: denn Worte wirken auf uns systemisch zurück. Wer beispielsweise aufgrund einiger unangenehmer Erfahrungen davon spricht, dass sich »alle Welt gegen mich verschworen hat«, der glaubt das nach einigen Wiederholungen vermutlich auch wirklich. Unglückliche Formulierungen können langfristig unser Lebensgefühl, unser Wohlbefinden, unseren Optimismus und unsere Sicht auf unser Weltbild beeinflussen.

Die drei Siebe des Sokrates

Besonders in ganz alltäglichen Situationen bewährt es sich, den Inhalt und die Worte, die man verwendet, vorab durch die drei Siebe des Sokrates zu überprüfen.

Eines Tages kam ein Mann zu Sokrates, der war voller Aufregung. »He, Sokrates, hast du das gehört, was dein Freund getan hat? Das muss ich dir gleich erzählen.«

»Moment mal«, unterbrach ihn der Weise, »hast du das, was du mir sagen willst, durch die drei Siebe gesiebt?«

»Drei Siebe?«, fragte der andere voller Verwunderung.

»Ja, mein Lieber, drei Siebe. Lass sehen, ob das, was du mir zu sagen hast, durch die drei Siebe hindurchgeht. Das erste Sieb ist die Wahrheit. Hast du alles, was du mir erzählen willst, geprüft, ob es wahr ist?«

»Nein, ich hörte es irgendwo und ...«

»Soso! Aber sicher hast du es mit dem zweiten Sieb geprüft. Es ist

das Sieb der Güte. Ist das, was du mir erzählen willst, wenn es schon nicht als wahr erwiesen ist, doch wenigstens gut?«

Zögernd sagte der andere: »Nein, das nicht, im Gegenteil ...«

»Aha!«, unterbrach ihn Sokrates. »So lass uns auch das dritte Sieb noch anwenden und fragen, ob es notwendig ist, mir das zu erzählen, was dich erregt.«

»Notwendig nun gerade nicht ...«

»Also«, lächelte der Weise, »wenn das, was du mir erzählen willst, weder erwiesenermaßen wahr noch gut noch notwendig ist, so lasse es begraben sein und belaste dich und mich nicht damit!«

Zusammenfassung

- Wenn Menschen einander wahrnehmen, kommunizieren sie miteinander, selbst wenn sie schweigen.

- Die Basis der Kommunikation sind die inneren Bilder, die wir uns aufgrund unserer Lebensgeschichte und unserer persönlichen Erfahrung von der Wirklichkeit machen. Da wir in Bildern denken, decken sich diese nur teilweise mit jenen der anderen.

- Unsere Wahrnehmung ist wie eine Kamera, die jene Ausschnitte der Umwelt »filmt«, die unseren aktuellen Bedürfnissen gerade am meisten entspricht.

- Ein stabiler Selbstwert unterstützt erfolgreiche Kommunikation, ein negativer behindert sie. Ein niedriges Selbstwertgefühl ist ein Stressor, beengt und erschwert den offenen, zufriedenstellenden Umgang mit anderen.

- In einer Umgebung, in der psychisches Wachstum gefördert wird, wo Fehler toleriert und Regeln flexibel gehandhabt werden, wird der Selbstwert optimiert und dadurch die Kommunikation verbessert.

- Es zählt zu den Grundbedürfnissen des Menschen, mit anderen in Beziehung zu treten und Einfluss zu haben. Das geschieht, indem wir anderen über ihre Sinnessysteme Botschaften zukommen lassen, etwa durch Worte, Gesten, Berührungen und so weiter.

- Beim ersten persönlichen Eindruck spielen Aussehen, Haltung, Kleidung, Gestik, Mimik und Stimme eine entscheidende Rolle. Dazu kommt, dass die eigene psychische und physische Verfassung sowie die des anderen zusätzlich von Bedeutung sind. Das kann unter ungünstigen Bedingungen zu Fehlinterpretationen führen.

- Mit einer kraftvollen Sprache, die sich positiver Worte und empfängergerechter Formulierungen bedient, kommen Sie bei anderen nicht nur gut an, Sie wirken auch überzeugend, selbstsicher und mitreißend. Oft machen Feinheiten in der Ausdrucksweise den großen Unterschied aus.

- Wenn Sie die Sprache des Selbstvertrauens sprechen, hat das nicht nur eine positive Auswirkung auf Ihre Mitmenschen, sie wirkt auch auf Sie selbst zurück. Wenn Sie Gedanken in Worte fassen, verstärken sich diese auch in Ihrem Gedächtnis. Positive Formulierungen wirken sich langfristig auf Ihr Lebensgefühl, Ihren Optimismus und Ihre Gesundheit aus. Daher ist es alles andere als gleichgültig, in welche Form Sie Ihre Worte »gießen«.

- Bevor Sie etwas sagen, prüfen Sie, ob der Inhalt Ihrer Botschaft den drei Sieben des Sokrates standhält: Ist es wahr? Ist es gütig? Ist es notwendig?

Power Thinking

Das Potenzial unserer Gedankenkraft und die kraftvolle Sprache entscheiden über Erfolg oder Misserfolg, Gesundheit oder Krankheit, Sympathie oder Antipathie und über viele andere Faktoren mit, von denen ein glückliches oder unglückliches Leben abhängt.

Der Mensch denkt durchschnittlich 40.000 Gedanken am Tag, die meisten davon dringen gar nicht in unser Bewusstsein. Aus der Kybernetik ist bekannt, dass Gedanken Energien von sehr großer Kraft sind. Mit ihnen programmieren wir unser Unterbewusstsein. Daher sind Gedanken wirklichkeitsschaffende Energien. »Power Talking – Power Thinking« ist ein Kommunikationsmodell, das auf gehirnphysiologischer und gehirnpsychologischer Basis agiert. Der klassische rhetorische Prozess verläuft folgendermaßen:

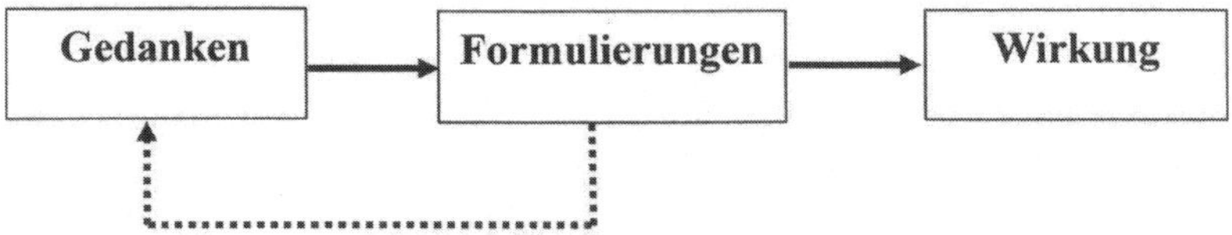

Zuerst haben wir einen Gedanken. Wenn wir diesen Gedanken in Worte kleiden, entsteht ein Bild (Wortbild). Gemeinsam mit der entsprechenden Gestik und Mimik erzielen wir Wirkung.

Zum besseren Verständnis für die Steuerung und Beeinflussung von menschlichem Verhalten lassen Sie uns einen Blick auf die Funktionsweise des menschlichen Gehirns werfen. Ihre Sprache löst nämlich dort eine physiologische und psychologische Kettenreaktion aus.

Geheimnisvolles Gehirn

Das menschliche Gehirn unterscheidet sich von den Gehirnen anderer Lebewesen durch die Fähigkeit, logisch zu denken sowie mit den Mitmenschen kommunizieren und im Umfang des Erinnerungsvermögens assoziieren zu können. Das Gehirn ist die Steuerzentrale des gesamten Körpers. Hier laufen die Informationen aus dem Körper und der Umwelt zusammen und werden zu Reaktionen verarbeitet. Im Verlauf der Evolutionsgeschichte hat sich um den Hirnstamm immer wieder ein neuer Gehirnteil dazugebildet.

Bereits 400 vor Christus hat Hippokrates, der in der Antike berühmteste Arzt, erkannt, dass das Gehirn der Sitz der Intelligenz und Verarbeitung der Sinneseindrücke ist.

Die Architektur des Gehirns

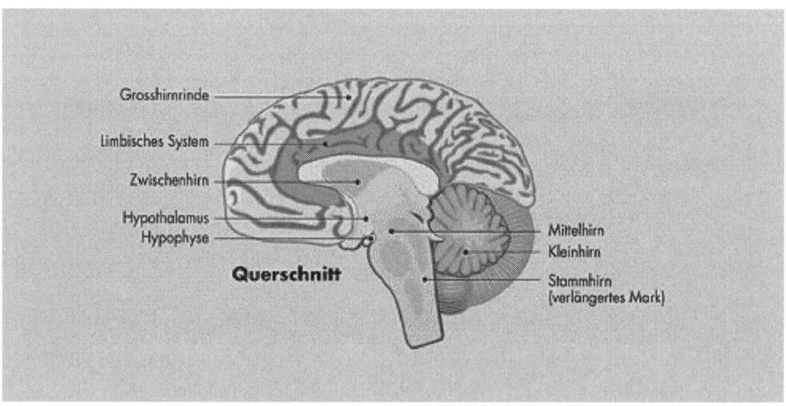

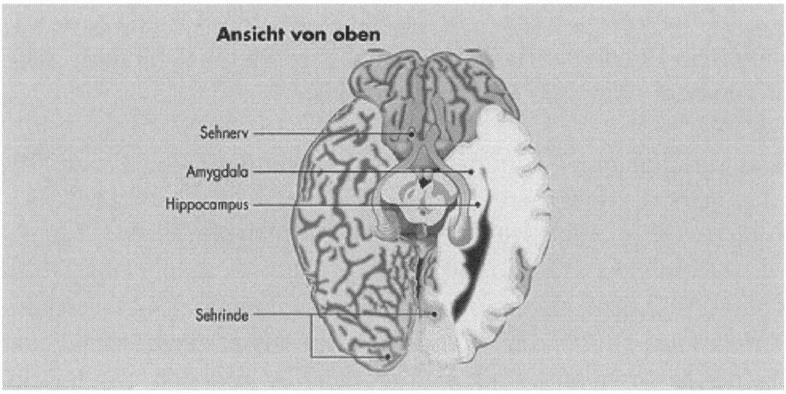

Das Stammhirn

Der Hirnstamm (auch Reptiliengehirn genannt) mit Mittelhirn, Brücke und verlängertem Mark ist der stammesgeschichtlich älteste Gehirnabschnitt. Er reguliert ursprüngliche Funktionen, die sich auch schon bei niederen Wirbeltieren nachweisen lassen. Das Mittelhirn ist ein leistungsfähiges Reflexzentrum, das die unwillkürlichen Bewegungen von Augen, Kopf und Rumpf steuert und zu diesem Zweck optische und akustische Sinneseindrücke verarbeitet.

Das Reptiliengehirn ist wichtig und wirksam. Es ist vor allem für Schreck/Stressreaktionen verantwortlich, wie beispielsweise erhöhten Herzschlag, Muskelspannung und Muskeldurchblutung bei gleichzeitig verminderter Hautdurchblutung, Mundtrockenheit und Ruhigstellung des Verdauungstrakts.

Das Reptiliengehirn programmiert den gesamten Körper auf zwei Alternativen: Angriff oder Flucht. Mit diesen Varianten reagierte unser Körper in der Frühzeit des Menschen auf das plötzliche Hervorbrechen eines Bären aus einem Gebüsch – und sicherte dadurch unser elementares Überleben. Genauso reagieren wir heute auf ein plötzlich vor uns hupendes Auto. In beiden Fällen ist diese ausgelöste Reaktion überlebenswichtig, denn wer zuerst zu analysieren und zu denken beginnt, landet entweder in den Pranken des Bären oder unter den Rädern des Autos.

Das verlängerte Mark bildet den Übergang des Gehirns zum Rückenmark. Es beherbergt die lebenswichtigen Zentren zur Steuerung und Regulation von Atmung, Herzschlag und Kreislauf sowie die Zentren der Schutzreflexe Niesen, Husten, Schlucken, Erbrechen und Tränensekretion. Auch die bekannten Reflexe von Kleinkindern wie Greifen und Saugen, die von elementarer Wichtigkeit für das Neugeborene sind, werden von hier gesteuert. Die Brücke schließlich verbindet Großhirn und Kleinhirn.

»Auch das Denken schadet bisweilen der Gesundheit.«
Aristoteles

Das Kleinhirn

Das Kleinhirn sitzt hinter dem Stammhirn und steuert die Sicherheit und Eleganz unserer Bewegung, also unsere Motorik. Es ist zuständig für Koordination, Feinabstimmung, unbewusste Planung und das Erlernen von Bewegungsabläufen. Darüber hinaus leitet es Informationen weiter, die über die Sinnesorgane aufgenommen werden.

Das limbische System

Das limbische System ist entwicklungsgeschichtlich einer der ältesten Bereiche des Gehirns. Es ist so etwas wie das Tor zum Bewusstsein und eine Verbindung zwischen dem Großhirn und dem Stammhirn. Das limbische System ist beteiligt an vegetativen Steuerungsvorgängen, an Gedanken und Gedächtnisprozessen und an der Regelung von Emotionen, Motivationen und Gefühlen.

Wer Kopfarbeit zu leisten hat, sollte nicht nur sein Reptilienhirn ruhigstellen, sondern auch das limbische System nicht zu sehr aktivieren. Es denkt sich besser, wenn man emotional ausgeglichen ist.

Die Verarbeitung von Sinneseindrücken

Als Reaktion auf einen eingehenden Sinneseindruck wird ein Signal an den Thalamus, welcher das Eingangstor für Sinneseindrücke ist, weitergeleitet. Der Thalamus wiederum leitet nun das Signal in zwei Richtungen: Eine führt in die Hirnrinde und die schnellere in die Amygdala. Die Amygdala ist ein Kerngebiet des Gehirns und Teil des limbischen Systems. In der Hirnrinde findet die Sinnesverarbeitung und in der Amygdala die emotionale Verarbeitung statt. Die Amygdala aktiviert vier weitere Strukturen im Gehirn:

1. Der Hirnstamm steuert, aktiviert oder hemmt die Organe in Kooperation mit dem Rückenmark. Diese Regulation führt dazu, dass Sie beispielsweise »Schmetterlinge im Bauch« fühlen, wenn Sie verliebt sind, oder meinen, »einen Stein im Magen zu haben«, wenn Sie in eine unangenehme Situation kommen.
2. Der Hypothalamus löst eine Hormonausschüttung aus. Hormone und Neurotransmitter (chemische Botenstoffe) erzeugen beispielsweise Wachsamkeit oder Interesse. Das bedeutet: Wir steuern und aktivieren unsere Ausschüttung unterschiedlich, je nachdem, ob wir glücklich oder traurig sind.
3. Die Basalganglien koordinieren die motorischen Bewegungsabläufe. Wenn Sie etwa morgens mit einer veritablen Schulterverspannung aufwachen, kann es sein, dass Sie – im übertragenen Sinn – eine schwere Last zu tragen haben.
4. Bei der Aktivierung des Hippocampus werden Erinnerungen gebildet und verwaltet. Es ist nicht gleichgültig, wie und wie oft Sie Erinnerungen abrufen. Wenn sie unentwegt negativ denken und trübe Bilder der Angst oder des Zorns abrufen, hat

das eine entsprechende Wirkung auf die Hormonbotenstoffe und Neurotransmitter (Glücks- und Stresshormone), also auf Ihre subjektive Befindlichkeit und letztendlich auf Ihre Organe. Bildhafte Erinnerungen können Ihre Energie stärken oder schwächen.

Die Areale der Hirnrinde sind ein Spitzenteam

Die Hirnrinde ist Teil des Gehirns. Sie hat sich im Laufe der Zeit am besten weiterentwickelt und ist nur wenige Millimeter dick. Durch ihre zahlreichen Windungen hat sie eine große Gesamtfläche. Dank der vielen »kleinen grauen Zellen« können wir Erinnerungen bewusst abrufen, mathematische Berechnungen durchführen, Gedanken mittels Sprache ausdrücken, komplexe Strategien entwickeln und Probleme lösen.

Die Hirnrinde ist verantwortlich für die Koordination der Sinnesorgane, sie programmiert und stimuliert die Muskelbewegungen, beteiligt sich an der Verarbeitung von emotionalen Ereignissen und steuert die Funktion der inneren Organe. Sie ist in folgende Spezialgebiete/Regionen unterteilt:

1. Region zur Ermöglichung des Sehens und Erkennens
2. Region zur Ermöglichung des Hörens und Verstehens
3. Region zur Registrierung der Eindrücke des Tastsinns
4. Motorische Hirnrinde: Sie plant, koordiniert und führt Bewegungen aus.
5. Region, die sich mit dem Sprechen und Verstehen der Sprache befasst
6. Im Stirnhirn befindet sich das Zentrum, das die Abläufe koordiniert und beim Denken und Planen eine Rolle spielt.

Das Gehirn erzeugt eine virtuelle Welt

Ob wir nun die Signale mit den Augen, Ohren, dem Gaumen oder dem Tastsinn aufnehmen, immer werden diese Informationen in Form von elektrischen Impulsen wahrgenommen und transportiert. Diese werden dann ins Empfangszentrum der Hirnrinde geleitet. Von dort gelangen sie in spezielle Regionen der Hirnrinde, in denen die Einzeleindrücke zu einem Ganzen vereint und mit Erinnerungen, Bildern, Wissen und Gefühlen assoziiert werden.

Das Gehirn baut für uns eine virtuelle Welt auf. Was wir sehen und hören, ist nicht die Wirklichkeit selbst, sondern die Zusammensetzung sämtlicher Eindrücke. Nur 15 Prozent sind Bilder, die wir tatsächlich sehen, 85 Prozent davon sind Rückkoppelungsschleifen, Verrechnungsprozesse des Gehirns. Was wir uns einbilden, ist im wahrsten Sinn des Wortes unsere Realität.

Das Gehirn ist unser Lehrer

Das Gehirn lernt selbstständig und verarbeitet einfache Denkspuren zu komplexen Spuren. Daraus entwickeln sich Engramme (biochemische Veränderungen), welche Zusammenhänge assoziieren, reflektieren und speichern.

Das heißt: Was wir sprechen und wie wir uns ausdrücken, vertieft und verankert sich in unserem Gehirn. Somit werden Gedanken real und zur geronnenen Essenz.

Einzelne Erfahrungen haben im Gehirn nur wenig Effekt, Wiederholungen hingegen stärken die Verbindungen. Je mehr Verbindungen eine Nervenzelle eingeht, umso flexibler und assoziativer unser Denken ist und je öfter eine einmal erstellte Verbindung im Gehirn als nützlich identifiziert wird, umso sicherer kann diese Verbindung immer wieder hergestellt werden.

Ein Baby lernt gehen

Wenn Sie einem Baby (Kleinstkind) zusehen, wie es beginnt, sich zum Stehen aufzurichten und langsam zu gehen, ist das »Schwerarbeit« – auch für das Gehirn. Denn es erfordert unermüdliches Training. Beim Hochziehen bilden sich im Hirn komplexe Spuren, die am Beginn tatsächlich nur Spuren sind und sich erst bei häufigen Wiederholungen verfestigen.

Das Kind steht ja nicht nur auf, es nimmt die Veränderungen seiner Positionen mit all seinen Sinnen wahr, es lernt die Gravitation kennen und die Hebelgesetze, es programmiert Hunderte von verschiedenen Muskelgruppen und stellt aus diesem Wust von Informationen eigene innere Regeln für das Stehen und Gehen zusammen.

Es ist erwiesen, dass körperliche und geistige Aktivität die Bildung von Hirnstrukturen anregt. Das Gehirn hat eine lebenslange Plastizität und ist daher bis ins Alter trainierbar.

Das Großhirn

Das Großhirn (Neocortex) macht etwa 80 Prozent der gesamten Hirnmasse aus und ist verantwortlich für unser Denken und unsere Wahrnehmung. Hier finden alle Prozesse wie Anwendung von Logik, Sprache, Planen, Entscheiden, Kreativität und vieles mehr statt.

Die Großhirnhemisphären unterteilen sich in vier Lappen:

1. Stirnlappen für Geruch, Gehör und Sprache
2. Schläfenlappen für Tastsinn und Geschmack
3. Scheitellappen für Sehen
4. Hinterhauptlappen für Bewegung, Sprache und Denken

Linke und rechte Hemisphäre

Durch eine Furche ist das Großhirn in zwei spiegelgleiche Hemisphären unterteilt. Die linke Hemisphäre ist zuständig für das rationale, strukturierte, analytische und logische Denken sowie für die Sprache. Die rechte Hemisphäre gibt einen Gesamteindruck und erfasst alles Räumliche, Kreative und Gefühlsmäßige.

Zwar haben beide Hemisphären deutliche Schwerpunkte, sie sind jedoch mit einem Balken, dem so genannten »corpus collosum«, verbunden und tauschen sich ständig aus, arbeiten zusammen und ergänzen einander. So nimmt etwa beim Musikhören die linke Gehirnhälfte die Töne wahr und die rechte die Melodie. Bei der Sprache weiß die linke Hemisphäre den Namen des Objekts oder Subjekts, die rechte erzeugt das dazu passende Bild.

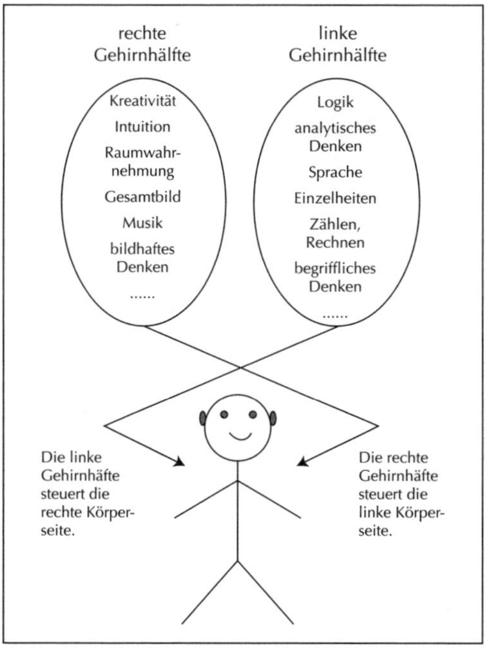

Wir denken in Bildern

Wie intensiv wir in Bildern denken, können Sie sofort an sich selbst testen. Wir benötigen nicht einmal korrekt geschriebene Wörter, um einen Text lesen zu können. Es genügt, wenn wir den ersten und den letzten Buchstaben erkennen – schon können wir das »Wortbild« in unseren Köpfen abrufen.

Lesen Sie einfach drauflos, auch wenn es komisch aussieht.

Afugrnud enier Sduite an enier elingshcen Unvirestiät ist es eagl, in wlehcer Rienhnelfoge die Bcuhtsbaen in eniem Wrot sethen, das enizig Wcihitge dbaei ist, dsas der estre und der lzete Bcuhtsbae am rcihgiten Paltz snid. Der Rset knan ttolaer Bölsdinn sien, und du knasnt es torztedm onhe Porbelme lseen. Das ghet dseahlb, wiel wir nchit Bcuhtsbae für Bcuhtsbae enizlen lseen, snodren Wröetr als Gnaezs.

Auch der Bauch »denkt«

Werden Menschen gefragt, wo Gesundheit, Emotion und Intuition am besten zu orten sind, zeigen sie meist auf ihren Bauch. Häufig hört man von Personen, dass sie ihre Entscheidungen in erster Linie aus dem Bauch heraus treffen. Wir sprechen dann vom »Bauchgefühl«, wenn wir intuitive Entscheidungen treffen.

Seit wenigen Jahren liegt nun auch der moderne naturwissenschaftliche Beweis dafür vor, dass der Bauch ein wichtiges Nervenzentrum, das so genannte Bauchgehirn beziehungsweise »Little Brain«, beherbergt.

Das Bauchgehirn, welches auch Darmhirn oder im Fachjargon enterales Nervensystem genannt wird, ist mit dem zentralen Nervensystem des Gehirns vernetzt. Es ist in die Wand des Darms der Menschen eingebettet und arbeitet nahezu unabhängig vom Zentralnervensystem.

Mit etwa 100 Millionen Nervenzellen ist es evolutionsgeschichtlich nicht nur älter als das Gehirn, es ist diesem auch neurochemisch sehr ähnlich und enthält mehr Nerven als die Wirbelsäule selbst. Auffallend ist seine starke funktionelle und strukturelle Ähnlichkeit mit dem Haupthirn.

Das Bauchgehirn ist eine Quelle von psychisch und physisch hoch aktiven Substanzen, wie Serotonin, Dopamin, Opiaten und Benzodiazepinen. Das Bauchgehirn nährt das Hirn auf vielfältige Weise mit Neurotransmittern und Hormonbotenstoffen. Neun Zehntel der »Kommunikation« laufen vom Bauch zum Gehirn und nur ein Zehntel umgekehrt. Das Gehirn hat somit eine Wechselsprechanlage, welche die Informationen vom Bauchgehirn zum Gehirn koordiniert.

Das Darmhirn ist also mächtig. Die Organe des Bauchgehirns lassen uns zahlreiche Botschaften das Unwohlseins spüren. Wir nehmen diese meist nur intuitiv wahr, reagieren erst kognitiv, wenn sich Alarmzeichen wie Übelkeit oder Schmerzen einstellen. Jene beiden Volksweisheiten, dass Stress auf den Magen schlägt und andererseits Essen uns beruhigt, sind auch wissenschaftlich belegt: Stress hat Einfluss auf die Verdauung, und gestörte Verdauung verursacht Unwohlsein. Wir sind mit den emotionalen Signalen, die das »Bauchgehirn« uns sendet, bestens vertraut und drücken diese auch sprachlich aus: Wir spüren »einen Stein im *Magen*«, »mir ist etwas über die *Leber* gelaufen«, »es geht mir auf die *Nieren*«, »mir kommt gleich die *Galle* hoch« oder wir haben »Schmetterlingsgefühle im *Bauch*«, et cetera.

Das dazugehörige Wissenschaftsgebiet trägt den klingenden Namen »Neurogastroenterologie.«

Gedanken erschaffen Wirklichkeit

Am Anfang aller menschlichen Taten und Errungenschaften – positiv oder negativ – steht immer eine Idee, ein Gedanke. Wolkenkratzer, Schiffe, Flugzeuge, Kriege und Revolutionen waren zuerst Gedanken. In den Gedanken stecken die Kräfte, die dann die entsprechenden Taten hervorbringen.

Damit Gedanken wirksam werden und ihre Kraft entfalten können, dürfen sie nicht durch entgegengesetzte Gedanken wieder aufgehoben werden, nein, sie müssen verstärkt und summiert werden.

Wenn man diese Kräfte in Formeln bringt, sehen sie folgendermaßen aus:

(Positive Gedanken)	+	(Positive Gedanken)	=	(Positive Kraft)
PG	+	PG	=	PK
(Positive Gedanken)	+	(Negative Gedanken)	=	(Null Kraft)
PG	+	NG	=	0K
(Negative Gedanken)	+	(Negative Gedanken)	=	(Negative Kraft)
NG	+	NG	=	NK

Positive Gedanken und positive Gedanken ergeben eine positiv wirkende Kraft. Positive Gedanken und negative Gedanken heben sich gegenseitig auf. Negative Gedanken und negative Gedanken ergeben eine negative Kraft. Wer einen Plan, einen Gedanken und so weiter verwirklichen will, sollte das beachten. Zweifel sind mit negativen Gedanken gleichzusetzen.

Jeder Gedanke hat das Bestreben, sich zu verwirklichen. Dies kann geschehen durch Handlungen, Sprechen, Körperbewegungen, Auftreten und Charisma.

In jedem Augenblick können Sie sich neu entscheiden, ob Sie positive oder negative Gedanken konstruieren und welche Auswirkungen diese psychisch und physisch (Ausschüttung von Hormonbotenstoffen und Neurotransmittern) haben! Dazu ist es wichtig, bewusst wahrzunehmen, wann und wie oft Sie was und wie denken.

Erlauben Sie mir, eine kleine Anekdote zum Thema menschlicher Fähigkeiten darzubringen, und urteilen Sie selbst, welche für Sie wichtiger und weniger wichtig sind!

Nasruddin und der Schulmeister

Nasruddin (Mullah Nasruddin ist so etwas wie der orientalische Till Eulenspiegel) nahm manchmal Menschen zu Ausflügen in seinem Boot mit. Eines Tages musste er einen Schulmeister über einen sehr breiten Fluss übersetzen. Sobald sie auf dem Wasser waren, fragte ihn der Gelehrte, ob es hohe Wellen geben würde.

»So was dürfen Sie mich nicht fragen«, sagte Nasruddin.

»Hast du dich nie mit Grammatik beschäftigt?«

»Nein«, sagte der Mullah.

»In diesem Fall hast du dein halbes Leben vergeudet.«

Der Mullah schwieg.

Bald kam ein fürchterlicher Sturm auf. Die verrückte Nussschale des Mullah füllte sich mit Wasser. Er beugte sich zu seinem Gefährten vor.

»Haben Sie je schwimmen gelernt?«

»Nein«, sagte der Pedant.

»In dem Fall, Herr Schulmeister, haben Sie Ihr ganzes Leben verloren, denn wir gehen unter.«

Das Endlosband im Kopf

Sicher haben Sie schon gemerkt, wie häufig Sie selbst innere Dialoge oder stille Selbstgespräche führen. Wenn nicht, richten Sie Ihre Aufmerksamkeit nach innen und beobachten Sie, was Sie gerade denken. Was will die von mir? Ich wollte mir ohnehin schon längst etwas zu trinken holen. Was ist das für ein merkwürdiges Geräusch draußen auf der Straße/im Garten? Merken Sie, es geht sofort los. Wie kommentieren Sie innerlich eine Situation, die Sie erlebt haben? Wie erklären Sie sich einen Misserfolg? Wie diskutieren Sie in Ihrem Inneren das Verhalten Ihrer Mitmenschen?

Wissenschaftliche Forschungen belegen, dass formulierte Gedanken in unserem Kopf einen großen Einfluss auf unsere Verhaltensweisen, unsere Wirkung nach außen und insbesondere auf unser Wohlbefinden haben.

Wenn Sie jedes kleine Scheitern gedanklich mit »Ganz klar, dass ich das wieder nicht geschafft habe ...« quittieren, jede Ungeschicklichkeit mit »Das ist typisch für mich ...«, wenn Sie das Gespräch mit Ihrer Partnerin/Ihrem Partner mit »Da war ich aber dumm ...« kommentieren, wenn Sie abends schlaflos in Ihrem Bett liegen und denken: »Morgen wird mich Kollege XY wieder mobben ...«, dann ist es Zeit, diese innere unbewusste Stimme unter die Lupe zu nehmen und in ihre Schranken zu weisen.

»Auf Dauer nimmt die Seele die Farbe meiner Gedanken an.«
Marc Aurel

Negative Gedanken sind destruktiv und abwertend. Sie erzeugen Ängste und Selbstzweifel, untergraben das Selbstvertrauen und behindern gute Leistungen. Gedanken spielen eine wichtige Rolle bei der Entwicklung emotionaler Reaktionen auf Situationen. Es sind nämlich nicht bloß die Situationen, die Ärger, Angst oder Frustration auslösen, sondern unsere Wahrnehmungen und Interpretationen. Wenn beispielsweise ein Tennisspieler in einem Match einen entscheidenden Schlag verpasst, könnte das folgende Reaktion auslösen. Im gedanklichen Selbstgespräch wirft er sich vor: »Ich bin ein Versager. Dieses Spiel kann ich nicht mehr gewinnen.« Diese Gedanken lösen emotionale und körperliche Reaktionen aus: Zorn, Hoffnungslosigkeit und Verkrampfungen in den Muskeln. Das Selbstgespräch könnte aber auch folgendermaßen aussehen: »Das Spiel ist noch nicht vorbei, ich achte verstärkt auf den Ball und schaffe es.« Entsprechend anders werden Emotionen und Körper reagieren: mit besserer Konzentration, Optimismus, Ruhe und dem Willen zum Sieg. Wo ein Wille – da auch ein Weg, und der Weg ist das Ziel!

Den Gedankenfluss umprogrammieren

Positive Selbstgespräche tragen dazu bei, die Aufmerksamkeit auf die gegenwärtige Aufgabe oder Herausforderung zu konzentrieren und nicht davon abzuschweifen. Sie unterstützen das Selbstvertrauen, die Motivation, die Konzentration und damit die Leistung und können diese sogar steigern. Negative Selbstgespräche – und diese finden erfahrungsgemäß viel häufiger statt – bewirken genau das Gegenteil. Eine gängige Strategie kann helfen, den negativen Gedankenfluss zu unterbrechen. Wird der negative innere Dialog erkannt, unterbricht man die störenden Gedanken, indem man sich selbst »Stopp« zuruft. Das kann durchaus tonlos geschehen, es ist allerdings wichtig, sich einen energetischen Ruck zu geben. Im Anschluss daran sollten Sie sich möglichst plastisch an eine erlebte, angenehme Situation erinnern. Sie stellen sich beispielsweise ein

Ereignis vor, das sie besonders freudig gestimmt hat. Je detaillierter Sie sich Ihre Freude »ausmalen« können, je mehr Sie dabei empfinden, hören, riechen, schmecken, desto schneller wird sich eine gelöste Stimmung einstellen. Danach können Sie sich wieder auf die aktuell zu bewältigende Aufgabe konzentrieren.

Lassen Sie sich nicht entmutigen, wenn die Übung nicht gleich beim ersten Mal gelingt. Zen-Meister und Yogis üben ein halbes Leben, um ihre Gedanken zu beherrschen. Wobei die Beherrschung vor allem im Nichturteilen liegt. Denn es sind die Urteile, die uns belasten, nicht die Wahrnehmungen an sich.

Wenn der Hotelnachbar mitten in der Nacht den Fernseher laufen hat, ist es viel weniger das Geräusch, das uns stört, sondern vielmehr der Ärger über den rücksichtslosen Gast. Deshalb ist es wichtig, sich darauf zu konzentrieren, worauf man sich im Moment tatsächlich konzentrieren will, und nicht darauf, was einem von außen »aufgezwungen« wird. Das kann man lernen. Versuchen Sie es mit folgenden Übungen:

Achtsamkeitsübung

Setzen Sie sich mit geradem Rücken auf eine Matte oder auf einen Stuhl, sodass Ihre Füße einen guten Kontakt mit dem Boden haben. Schließen Sie die Augen oder öffnen Sie sie leicht und fixieren Sie einen Punkt nahe vor Ihnen. Sagen Sie bei jedem Atemzug ruhig und sanft zu sich das Wort »Eins«. Wenn Sie einatmen, sagen Sie das Wort »Eins«. Und beim Ausatmen sagen Sie »Eins«, langsam und ruhig. Sammeln Sie Ihre ganze Aufmerksamkeit und legen Sie sie in dieses Wort. Wenn Ihre Gedanken abschweifen, kehren Sie behutsam dazu zurück, »Eins« zu sagen.

Wenn Sie sich bewegen möchten, versuchen Sie dennoch ruhig sitzen zu bleiben. Beobachten Sie nur den Wunsch, sich zu bewe-

gen. Fahren Sie noch ein wenig mit dem Üben fort, nachdem der Wunsch aufzuhören aufgetaucht ist. Nehmen Sie einfach Ihren Wunsch aufzuhören wahr.

Wenn Sie keinerlei Meditationserfahrung haben, beginnen Sie mit fünf Minuten und steigern Sie sich täglich um zwei bis drei Minuten, bis Sie die Übung ohne Schwierigkeiten wenigstens eine halbe Stunde leicht ausführen können.

Konzentrationsübung

Der deutsche Psychologe und Verhaltenstrainer Jens Corless schlägt folgende Konzentrationsübung vor:

Zählen Sie in Gedanken von 99 bis 0. Aber nicht fortlaufend, sondern nach folgendem Muster:

Beim Ausatmen: 99, 98, 97.

Beim Einatmen wiederholen Sie die letzte Zahl, also 97.

Dann beim Ausatmen: 96, 95, 94.

Beim Einatmen: 94 wiederholen und so weiter.

Wenn Sie merken, dass Sie beim Zählen etwas anderes denken und nicht mehr wissen, bei welcher Zahl Sie sind, beginnen Sie wieder von vorne. Betrachten Sie das nicht als Strafe! Sie dürfen sich freuen, dass Sie schnell bemerkt haben, dass nicht Sie bewusst gedacht haben, sondern Ihre innere unbewusste Stimme. Und dann bestimmen Sie wieder selbstverantwortlich, was Sie tatsächlich denken wollen.

Störung oder Inspiration?

Die Schulung Ihres Konzentrationsvermögens alleine wird nicht ausreichen, um Ihre innere unbewusste Stimme zum Schweigen zu bringen. Wenn Sie kein Zen-Meister werden wollen, wird er wahrscheinlich nie ganz still sein, aber Sie können lernen, sich gegen besonders unliebsame Störversuche erfolgreich zu wehren. Es gibt Menschen, die ihre Selbstgespräche lieben, und das ist völlig in Ordnung, wenn sie sie wirklich mögen. Gedankenstränge zu verfolgen oder Assoziationen freien Lauf zu lassen, kann auch faszinierend und inspirierend sein. Wenn Sie allerdings merken, dass die immer wiederkehrenden Gedanken Sie quälen oder gar deprimieren, sollten Sie ihnen Einhalt gebieten. Das wird Ihnen nur dann gelingen, wenn Sie regelmäßig üben. Negative und Störgedanken können sich längerfristig ungünstig nicht nur auf Ihre Ausdruckskraft, sondern auch auf Ihre körperliche und seelische Gesundheit auswirken. So viel Macht hat Ihre innere unbewusste Stimme nicht verdient!

Ein eloquentes Beispiel dafür, wohin einen eine besonders phantasiereiche innere unbewusste Stimmes bringen kann, ist das Hammergleichnis von Paul Watzlawick, das ich Ihnen zum Abschluss dieses Kapitels vorstellen möchte.

Ein Mann will ein Bild aufhängen. Den Nagel hat er, nicht aber den Hammer. Der Nachbar hat einen. Also beschließt unser Mann, hinüberzugehen und einen Hammer auszuborgen. Doch da kommen ihm Zweifel: »Was, wenn mir der Nachbar den Hammer nicht leihen will? Gestern schon grüßte er mich nur so flüchtig. Vielleicht war er in Eile. Vielleicht hat er die Eile nur vorgeschützt und er hat was gegen mich. Und was? Ich hab ihm nichts getan! Der bildet sich da etwas ein! Wenn jemand von mir ein Werkzeug borgen wollte, ich gäbe es ihm sofort. Und warum er nicht? Wie kann man einem Mitmenschen einen so einfachen Gefallen abschlagen?

Leute wie dieser Kerl vergiften einem das Leben. Und dann bildet er sich noch ein, ich sei auf ihn angewiesen. Bloß weil er einen Hammer hat. Jetzt reicht es mir wirklich.« – Und so stürmt er hinüber, läutet, der Nachbar öffnet, doch bevor dieser »Guten Tag« sagen kann, schreit ihn unser Mann an: »Behalten Sie doch Ihren Hammer, Sie Rüpel!«

»Positiv denken« oder »Annehmen, was ist«

Ob ein Glas halb leer oder halb voll ist, liegt ausschließlich an Ihrer Betrachtungweise. Worauf lege ich den Fokus meiner Aufmerksamkeit – auf das, was stimmt, auf die Ressourcen, oder auf das, was fehlt, auf die Defizite? Pessimistische Menschen sehen überall nur die Probleme und Schwierigkeiten, optimistische die Chancen und Gelegenheiten. Wenn etwas nicht so funktioniert, wie ich es mir vorgestellt habe, kann das ein schlechtes Omen sein, das mich zum Aufgeben bringt – oder eine kreative Herausforderung, an der ich meine Problemlösungsfähigkeiten schärfen kann.

Ein zentraler Aspekt des positiven Denkens ist die (indirekte) Beeinflussung des unbewussten Denkens beziehungsweise Unterbewusstseins durch das gezielte (bewusste) Denken positiver Gedanken. Dieser Aspekt spielt vor allem in der Lehre von Joseph Murphy eine tragende Rolle. Dieses Konzept des positiven Denkens wurde von vielen Seiten kritisiert und teilweise sogar als wirkungslos betrachtet. Die neuere Hirnforschung liefert allerdings Anhaltspunkte dafür, dass gewohnheitsmäßige Denkmuster mittel- und langfristig Auswirkungen auf unsere Gehirnaktivität haben. Auch in der Schmerztherapie haben sich Suggestion und Autosuggestion als zumindest kurzfristig therapeutisch nutzbar erwiesen.

Wenn wir dem Begriff der Positivität auf die Spur kommen wollen, ist die Herkunft des Wortes hilfreich. Es wird vom lateinischen Wort »positum« abgeleitet, das übersetzt heißt »das Tatsächliche, das

Vorgegebene«. Positivität in diesem Sinne bedeutet also, sich mit dem auseinanderzusetzen, »was ist«, es genau so anzunehmen, »wie es ist«, und »das Tatsächliche« nicht zu negieren. Positives Denken, wie ich es trainiere, ist nicht dazu gedacht, die Realität zu ignorieren, mit einer »Hans Guck in die Luft«-Mentalität oder einer rosaroten Brille durch die Welt zu gehen, sondern positiv und konstruktiv mit ihr umzugehen. Positivität bedeutet weder Probleme zu negieren noch blind zu allem »Ja« zu sagen, sondern im scheinbar Negativen das positive Potenzial zu erkennen, um damit effektiv umzugehen.

Sehr häufig finden wir Lebenssituationen vor, an denen wir zunächst nichts ändern können. Aber wir haben in jedem Augenblick die Wahl, ob wir in diesen Situationen das positive oder das negative, das lebenfördernde oder das lebensvernichtende Prinzip sehen wollen. Der Schlüssel für die positive Betrachtung liegt im Annehmen dessen, »was ist«. Dale Carnegie, ein bekannter Vertreter des positiven Denkens, schrieb bereits in den 1920er-Jahren: »Vor Gitterstäben saßen zwei, die einst gefangen – der eine sah den Straßendreck, der andere Sterne hängen!«

Positiv zu sein, bedeutet auch nicht, sich alles gefallen zu lassen. Es bedeutet vielmehr, im Glauben an eine gute Lösung Ressourcen aufzuspüren und das Richtige, Angemessene zu tun. In diesem Sinne bedeutet Positivität auch subjektive »Stimmigkeit«.

Scheitern gehört zum Erfolg

»Erfolg ist die Fähigkeit, von Misserfolg zu Misserfolg zu gehen, ohne die Begeisterung zu verlieren.« So lautete Winston Churchills Erfolgskredo. Und da ist etwas dran. Denn Misserfolg bedeutet zunächst nichts anderes, als dass wir den Erfolg missen, und nicht, dass er sich niemals und in keiner Form einstellen wird. Denn es hängt auch damit zusammen, welche Vorstellungen wir mit Erfolg verbinden. Die Definitionen von Erfolg sind äußerst subjektiv und gehen äußerlich mit unterschiedlichen und sehr spezifischen Zielen einher. Wenn ich diese Frage in meinen Seminaren stelle, fallen häufig Begriffe wie: Erfolg im Beruf, ein glückliches Privatleben, Geld und Gesundheit haben, zufrieden sein und so weiter.

Oft meint erfolgreich sein, ein bestimmtes Ziel zu erreichen. Das Wort »Erfolg« trägt ja die Bedeutung »Folge« in sich. Aber die Erreichung eines Ziels bedeutet noch lange nicht, dass jemand Erfolg hat. Wir können jemanden oder uns selbst als erfolgreich bezeichnen, wenn wir eine subjektive Zustandsverbesserung empfinden. Ziele sind nur Wegbeschreibungshilfen, die sich ändern können.

»Der Erfolgreiche fängt gerade da an, wo der Erfolglose aufhört! Misserfolge sind immer nur Zwischenergebnisse.« Kurt Tepperwein

Erfolg liegt auch oft im Durchhaltevermögen und in der Anzahl der Versuche. Jeder »Missversuch/Fehler« ist eine Gelegenheit für eine Verbesserung und meist auch der Weg zum Erfolg.

Edison machte bei der Erfindung der Glühbirne mehrere tausend Versuche und entdeckte dabei mehrere tausend Möglichkeiten, wie es *nicht* funktioniert. Wenn wir uns auf Lösungen konzentrieren, ist die Chance, erfolgreich zu sein, deutlich besser. Was wir auf dem Weg zum Erfolg daher unbedingt brauchen, ist Selbstdisziplin. Wobei hier nicht die Rede von der Disziplinierung durch andere ist, wie sie häufig in der Erziehung oder im Arbeitsleben angewandt wird. Denn diese unterlaufen wir nur allzu gerne, und nur für die wenigsten hat sie eine langfristig bindende und verpflichtende Wirkung. Selbstdisziplin ist eine freiwillige Entscheidung, eine Wahl, die die/der Einzelne für sich trifft. Der amerikanische Schriftsteller Richard Bach schreibt: »Niemals ist dir ein Wunsch gegeben ohne die Möglichkeit, ihn zu erreichen. Es kann aber sein, dass du dich dafür anstrengen musst.«

Reinhard Sprengers diesbezüglicher Ansatz lässt an Deutlichkeit nichts zu wünschen übrig: »Jeder weiß im Grunde, wie man sehr erfolgreich wird. Aber nur wenige sind beharrlich genug, es auch bei Gegenwind und trotz Rückschlägen umzusetzen.« Ohne Disziplin wird uns also nicht so viel gelingen. Trotzdem besteht auch dann noch immer die Möglichkeit, ein Ziel zu verfehlen oder sich einen Wunsch nicht erfüllen zu können. Auch daran ist nichts auszusetzen. Selbstverständlich will niemand in seinem Leben scheitern. Wird der Misserfolg als Möglichkeit aber ausgeschlossen, verhindern wir gleichzeitig den Erfolg. Und vor allem die Chance, aus den gesammelten Erfahrungen zu lernen. Ohne die Bereitschaft zum Misserfolg gibt es kein Handeln. Wer sich an dem alten fernöstlichen Spruch »Der Weg ist das Ziel« orientiert, wird Rückschläge nicht als niederschmetternde Enttäuschung erleben, sondern bestenfalls als kleine Stolpersteine.

Albert Camus hat den Mythos von Sisyphos, der dazu vergattert wurde, endlos Steine auf den Berg zu wälzen, nur um sie anschließend wieder hinunterrollen zu sehen und wieder von vorne beginnen zu müssen, ins Positive gewendet. Man solle sich Sisyphos als glücklichen Menschen vorstellen. Der Irrtum des Sisyphos war, er wäre glücklich, wenn der Stein oben bliebe. Dann aber wäre das »Spiel« hier zu Ende gewesen. Die meisten Menschen spielen ein Spiel, um das Spiel zu gewinnen, auf jeden Fall aber zu beenden. Klüger ist es zu spielen, um zu spielen. Dann werden sich zwischendurch so en passant die Erfolge einstellen.

»Fehler« sind Chancen

Auch in der Kommunikation gibt es keine »Misserfolge« oder »Fehler«, sondern nur Feedback, aus dem man lernen kann. Wie gehen Sie vor, wenn Sie einen anderen auf einen vermeintlichen »Fehler« oder unerwünschtes Verhalten aufmerksam machen wollen? Die Erfahrung zeigt, dass ein positives Feedback meist wirksamer ist als ein negatives. Legt man beim Feedback aber den Schwerpunkt nur auf die »Fehler«, so verankert man diese noch tiefer im Unterbewussten. Sage ich jemandem: »Bitte stottern Sie *nicht*«, so ist das fast eine hypnotische Suggestion, ja wieder zu stottern.

Unser Bewusstsein arbeitet mit bildhaften Assoziationen und konkreten inneren Vorstellungen. Wenn ich also sage: »Bitte denken Sie jetzt nicht daran, dass von links hinten im Raum ein drei Meter langes, grünlichbraunes Krokodil hereinkommt und auf seinen kleinen Füßen schnell zu Ihnen nach vorne tapst und dabei eine nasse Spur am Boden hinterlässt. Stellen Sie sich jetzt auf keinen Fall vor, wie dieses Krokodil sein großes Maul aufreißt und Sie seine spitzen Zähne sehen, den unangenehmen Geruch aus seinem Rachen riechen, wie es sich jetzt Ihrem linken Bein nähert und dabei schon vor Fresslust grunzt ... Was passiert dann in Ihrer Vorstellung?«

Die Verwendung positiver Bilder und positiver Sprache hilft also, gewünschte Lerneffekte besser zu erzielen. Statt: »Stottern Sie nicht!«, erhöht sich die Möglichkeit, weniger zu stottern, indem man Worte so formuliert, dass das Gehirn den Input erhält, was es denn zu tun hat: »Es ist wichtig, entspannt zu atmen, kurze Sätze zu konzipieren und diese dann fließend und zusammenhängend auszusprechen.«

Der Mut zur Lücke

Gleichgültig, ob es sich um eine berufliche oder private Situation handelt, in der Sie in die Negativfalle des Denkens und Sprechens tappen: Um von einer negativen Gedankenschlaufe in eine positive Gedankenschlaufe zu wechseln, benötigen Sie eine Lücke. Diese Lücke ist vergleichbar mit der Kupplung im Auto, die uns erlaubt, den Gang zu wechseln. Um die Lücke – einen kurzen gedankenlosen Zustand – zu »erzeugen«, empfehlen beispielsweise buddhistische Lehrer zwei ruhige Atemzüge, die es uns erleichtern, die Fesseln des negativen Denkens zu lösen. Im Gewahrsein der Lücke steigen wir aus der Zwangsläufigkeit unserer Neigungen, Gewohnheiten, Muster, Emotionen, Neurosen und Gedankenketten aus.

Ich biete Ihnen zwei Meditationsvarianten an, mit deren Hilfe Sie aus der Negativspirale ausbrechen können. Voraussetzung dafür ist, dass Sie eine oder beide so regelmäßig üben, dass Sie Ihnen in Fleisch und Blut übergehen. Wenn Sie über eine gute Imagination verfügen, können Sie sich selbst durch die Meditation führen oder eine Kassette mit dem Text besprechen und diese dann immer wieder abspielen, bis die Bilder und Gefühle gut verankert sind. Oder Sie bitten jemanden, Ihnen den Text langsam und ruhig vorzulesen. Im Bedarfsfall dient Ihnen dann der kurze Gedanke an Ihren »inneren Ort der Ruhe« oder Ihren »inneren Begleiter« als Anker, um Ihre Gedanken und Ihre Sprache wieder ins Positive zu lenken.

Realität ist eine Illusion

In einer netten Runde wurde ich kürzlich Zeugin der folgenden Szene: Eine befreundete Autorin brachte mehrere Exemplare ihres druckfrisch erschienenen Romans mit und verteilte diese großzügig unter den Anwesenden. Einer der Herren – ich nenne ihn Max, dessen Güte und ehrliches persönliches Engagement für sozial Schwächere wir alle besonders mögen und schätzen – bat um eine persönliche Widmung. Die Autorin kam dem Wunsch gerne nach und überreichte ihm ein Exemplar des Buchs mit der Widmung »Für Max mit dem großen Herzen!« in der Überzeugung, ihm damit eine Freude zu machen. Max las die Widmung, wurde blass und legte das Buch mit großer Betroffenheit zur Seite. Verwirrt über diese unerwartete Reaktion, fragte die Freundin nach, ob sie etwas falsch gemacht hätte. »Vor ein paar Wochen sagte mir mein Internist, dass ich ein ungewöhnlich vergrößertes Herz habe«, erklärte Max nach einigem Zögern. Der Arzt meinte zwar, dass das noch nichts Ernstes bedeuten müsste, wollte aber weitere Untersuchungen zur Abklärung vornehmen. Diese wohlgemeinte Widmung erinnerte Max an seine Ängste und Sorgen. Im Übrigen gab er einige Wochen später Entwarnung. Die Untersuchungen hatten ergeben, dass er völlig gesund und sein vergrößertes Herz eine »Laune der Natur« ist – vielleicht sogar die körperliche Entsprechung seiner Geisteshaltung.

Dieses Beispiel zeigt, dass wir aufgrund unserer Erlebnisse in der Vergangenheit eine ganz persönliche Sicht der Welt haben, die mit jener von anderen in keinster Weise übereinstimmen muss. Unser Freund Max interpretierte die Widmung spontan aus seiner verständlichen Sorge um seine Gesundheit heraus. Nun kannten die agierenden Personen einander, und Max wusste, wie die Widmung gemeint war. Trotzdem war seine primäre Reaktion aufgrund seiner akuten Befindlichkeit eine negative. Um wie viel schwieriger wird dann die Situation und wie groß das Interpretationsspektrum, wenn fremde Menschen miteinander kommunizieren!

Jeder Mensch hat seine subjektive »Landkarte«

Wie wir Situationen und Botschaften interpretieren, ist abhängig von unseren persönlichen Erfahrungen, von der Erziehung, also von der persönlichen Biografie. Wenn Sie als Kind vielleicht einmal in einem dunklen Zimmer eingesperrt waren und dort große Angst hatten, sind dunkle Räume für Sie vermutlich mit dieser Angst verbunden, und Sie werden dazu neigen, solche Räume zu meiden. Wenn Sie sich gerne daran erinnern, dass sich Ihre Mutter abends in Ihrem bereits abgedunkelten Kinderzimmer ans Bett setzte, um Ihnen zum Einschlafen ein Schlaflied vorzusingen, werden Sie den dunklen Raum als einen sicheren und liebevollen Ort, als Ort der Geborgenheit, empfinden und auch in weiterer Folge kein Problem damit haben, sich in dunklen Räumen aufzuhalten und sich dort wohl zu fühlen. So unterschiedlich können Menschen ein und dieselbe Sache erleben. Jeder Mensch hat eine eigene innere, höchst individuelle »Landkarte«, auf der programmiert ist, wie er seine Umgebung und die Ereignisse und Menschen, die darin auftreten, wahrnimmt.

Landkarten dienen der Orientierung

Auf der Basis dieser inneren Landkarte orientieren wir uns. Stellen Sie sich doch bitte eine geografische Karte vor. Was ist darauf abgebildet? Eine solche Karte kann einen globalen Überblick geben. Sie können sehen, welches Land wo auf der Welt liegt. Oder Sie betrachten die geografische Karte eines einzelnen Landes, die viel mehr Details aufweist. Kartografen setzen unterschiedliche Schwerpunkte: Manche Karten bilden politische Bezirke ab, andere stellen vor allem Gebirgszüge und Gewässer dar, Straßenkarten geben Ihnen mögliche Fahrtrouten vor, andere zeigen Industrien und Bodenschätze. Selbst wenn die Karten scheinbar das gleiche Gebiet mit dem gleichen Inhalt abbilden, sind sie doch niemals ident.

Jede Landkarte ist ein Modell, also eine theoretische Darstellung der Realität. Und damit nur *eine* Möglichkeit, die Welt abzubilden. Genau so verhält es sich mit unseren inneren Landkarten.

Wir filtern die Welt

Damit wir mit der Vielfalt der Sinneseindrücke, die täglich auf uns einströmen, nicht überfordert sind, filtert unser Gehirn alles aus, was subjektiv für uns uninteressant ist. Sie kennen das bestimmt:

Wenn Sie sich für ein neues Auto interessieren, fällt Ihnen an einer roten Ampel jedes für Sie infrage kommende Modell auf, Sie haben den subjektiven Eindruck, dass es auf Ihrem Weg zur Arbeit mehr Autohäuser gibt als vorher. Sie bemerken, dass Ihre Tageszeitung jeden Samstag ein hervorragendes Automagazin publiziert. Wenn Sie hingegen ein passionierter U-Bahn-Benutzer sind, fühlen Sie sich wahrscheinlich vom Verkehrslärm und den Abgasen belästigt, Begriffe wie »Hybridantrieb« oder »elektronisch gesteuertes ABS« werden Ihnen nichts sagen, geschweige denn ein Leuchten in Ihren Augen hervorrufen. Nur Dinge, die für uns wirklich wichtig sind, kommen überhaupt bei uns an, und wir merken sie uns über einen längeren Zeitraum. Wenn Sie als Frau gerade schwanger sind oder sich ein Kind wünschen, sehen Sie plötzlich vermehrt schwangere Frauen und junge Mütter, die Kinderwägen vor sich her schieben. Mit hoher Wahrscheinlichkeit sind diese nicht mehr geworden, verschoben hat sich nur der Fokus Ihrer Wahrnehmung.

»Was sich auf die Wirklichkeit bezieht, ist nicht sicher, und was sicher ist, ist nicht wirklich.« Albert Einstein

Diese Beispiele zeigen, dass wir die Welt durch unsere subjektiven Filter wahrnehmen. Solche Filter sind eben unsere aktuellen Interessen, unsere Vorlieben, unsere Erwartungen, aber auch unsere Landkarte. Dabei unterscheiden sich die Wahrnehmungsfilter der einzelnen Menschen und dementsprechend auch die Realität, die wir durch diese Filter wahrnehmen.

Nur in grundlegenden oder lebensbedrohlichen Situationen können wir in der Regel davon ausgehen, dass Menschen sehr ähnliche Wahrnehmungen haben. Wenn etwa ein Auto ungebremst auf einen Fußgängerweg zugerast kommt, werden alle, die dort stehen, das als essenzielle Gefahr wahrnehmen und sich durch einen Sprung in Sicherheit bringen.

Die »richtige« Landkarte gibt es nicht

Da wir uns mit unserer eigenen Landkarte in unserem beruflichen und privaten Umfeld meist gut orientieren können, nehmen wir häufig fälschlicherweise an, dass wir die Dinge ganz richtig sehen, dass unsere Interpretationen »der Weisheit letzter Schluss« sind. Das ist meist nicht der Fall. Die persönliche Landkarte Ihres Gegenübers unterscheidet sich mit allergrößter Wahrscheinlichkeit erheblich von der Ihren.

Da wir im Alltag über viele Dinge Konsens haben beziehungsweise Abläufe in Unternehmen und Organisationen und meist auch in einem eingespielten Privatleben geregelt und strukturiert sind, fällt das nicht immer gleich auf. Spätestens aber, wenn Sie der Meinung sind, dass Ihr Gesprächspartner etwas missversteht, denken Sie doch an das Bild der Landkarte. Denn dieser Mensch hat wahrscheinlich eine völlig andere Landkarte als Sie. Das bedeutet, er nimmt die Situation und vermutlich die Welt an sich anders wahr, als Sie es tun. Ist seine Landkarte deshalb falsch und Ihre richtig?

»Wenn es ein Geheimnis des Erfolges gibt, so ist es das: Den Standpunkt des anderen verstehen und die Dinge mit seinen Augen zu betrachten.« Henry Ford

Lust an der Vielfalt

Sie können frustriert sein, weil Ihr Gegenüber Sie nicht versteht. Sie können sich über diese seltsame Landkarte wundern und verständnislos die Schultern zucken. Sie können darin aber auch eine Chance sehen, sich auf eine ganz andere Wirklichkeit – nämlich auf die des anderen – einzulassen, und einen Blick auf seine/ihre Landkarte werfen. Das Betrachten anderer Landkarten erweitert die eigenen Perspektiven. Wenig Sinn hat es, darüber zu diskutieren, ob die Landkarte des anderen »richtig« oder »falsch« ist.

Wenn Sie jemanden wirklich kennenlernen wollen, werden Sie versuchen, seine Landkarte der Welt zu verstehen, und nicht mit ihm über die Berechtigung seiner Betrachtungsweise streiten. Denn die Landkarte des Gegenübers ist nicht falsch, sie bildet die seine Welt nur subjektiv ab. Je eher wir akzeptieren und respektieren können, dass Menschen mit anderen Landkarten durch die Welt gehen, desto besser können wir die Unterschiedlichkeit von anderen Personen annehmen. Außerdem: Wollen Sie sich darüber ständig Diskussionen aussetzen, ob Ihre eigene Landkarte, mit der Sie bis jetzt ganz gut durchs Leben gekommen sind, richtig oder falsch ist?

Ihre Landkarte hat die gleiche Berechtigung wie jene aller anderen. Wenn Ihnen eine Landkarte so gar nicht gefällt, können Sie sich jederzeit dafür entscheiden, dass Sie mit dem Betreffenden nichts oder nicht viel zu tun haben wollen. In vielen Fällen wird das möglich sein, in anderen nicht sofort oder nicht so einfach. Wenn es sich bei der für Sie unerfreulichen Landkarte um jene Ihres Chefs oder eines an sich kompetenten Mitarbeiters oder um den neuen Freund Ihrer Tochter handelt, in den Sie bis über beide Ohren verliebt ist, werden Sie sich wahrscheinlich überlegen, doch genauer hinzuschauen.

> **»Mein Erleben ist das, worauf ich mich entschieden habe, mein Augenmerk zu legen.«** William James

Die individuelle Realität eines anderen Menschen kann auch als Herausforderung verstanden werden, den Blick einmal weit über den eigenen Tellerrand hinausschweifen zu lassen und sich der Herausforderung zu stellen, etwas zunächst vermeintlich Inakzeptables unter einer neuen Perspektive zu betrachten. Wenn Sie sich möglichst neutral, ohne vorgefasste Meinungen oder Urteile, auf die Landkarte eines anderen einlassen, kann das eine Wirkung auf Ihre eigene Sicht der Welt haben, Ihr Denk-, Verhaltens- und Sprachrepertoire verändern und erweitern, aber auch Ihre Fähigkeit, mit unvorhergesehenen Situationen souverän und flexibel umzugehen.

Denkaufgabe

Versuchen Sie, mit *vier* geraden Strichen, *ohne abzusetzen*, alle Kreise miteinander zu verbinden!

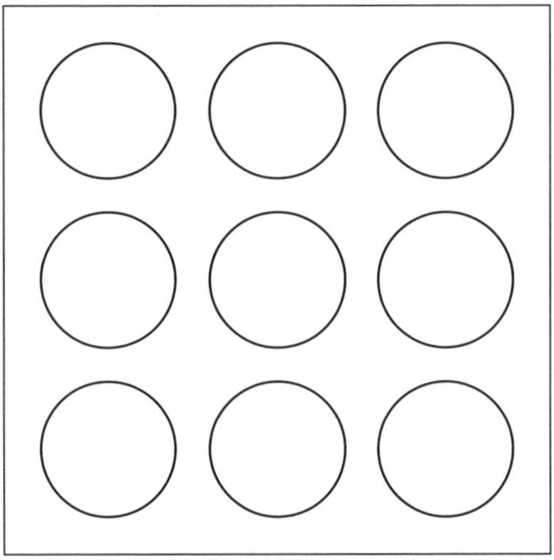

Die Lösung finden Sie im Anhang auf Seite 241.

Zusammenfassung

- Durchschnittlich 40.000 Gedanken schwirren uns täglich durch den Kopf, die meisten davon unbewusst. Dennoch sind diese Energien von sehr großer Kraft, mit welchen wir unser Unterbewusstsein programmieren und daraus unsere subjektive Wirklichkeit erschaffen.

- »Power Thinking – Power Talking« ist ein Kommunikationsmodell, das auf gehirnphysiologischer und gehirnpsychologischer Basis agiert. Zuerst haben wir einen Gedanken. Wenn wir diesen in Worte kleiden, begleitet von Gestik und Mimik, erzielen wir Wirkung.

- Sprache wirkt nicht nur nach außen – Sprache hat eine autosuggestive Kraft und wirkt auf uns wieder systemisch zurück! Somit tragen wir selber die Verantwortung, ob wir für uns selbst Glückshormone oder Stressbotenstoffe ausschütten.

- Täglich programmieren wir unser Gehirn mit positiven und negativen Gedankenschleifen. Damit erschaffen wir Denkmuster, aus denen sich Sprachmuster und schließlich Verhaltensmuster entwickeln und implementieren.

- Für unser Gehirn macht es einen Unterschied, wie wir einen Gedanken und einen Sinneseindruck in Worte fassen, denn das Formulieren von Worten schafft stabile Verknüpfungen zwischen den Synapsen, und diese speichern sich wie Engramme ein.

- Das Gehirn baut eine virtuelle Welt, eine subjektive Wirklichkeit, für uns auf. Nur 15 Prozent der Bilder sehen wir tatsächlich, 85 Prozent sind Rückkoppelungsschleifen, Berechnungen unseres Gehirns. Das heißt: Wir bilden uns im wahrsten Sinne des Wortes etwas ein. Diese »Einbildung«, die »hausgemachte« Wirklichkeit, ist unsere subjektive Realität.

- Auch Gefühle haben ihren Ursprung im Gehirn. Emotionen sind die körperliche Antwort auf Gefühle und Interaktionen des Menschen mit seiner Umwelt. Die Gefühle werden durch das Denken beeinflusst, und sie beeinflussen umgekehrt unser Denken.

- Jeder Gedanke hat das Bestreben, sich zu verwirklichen. Deshalb entscheiden Sie sich in jedem Augenblick neu, ob Sie konstruktiv oder destruktiv denken. Achten Sie daher bewusst auf Ihre inneren Dialoge!

- Positives Denken meint *nicht* das Ignorieren der Realität oder das Tragen einer rosaroten Brille. Positivität bedeutet, sich damit auseinanderzusetzen, »was ist«, dies anzunehmen und konstruktiv damit umzugehen. Wir haben stets die Entscheidungsfreiheit, ob wir in Lebenssituationen das lebensfördernde oder das lebensfeindliche Prinzip sehen wollen. Positivität in diesem Sinne heißt, im scheinbar Negativen das positive Potenzial zu erkennen. Eine solche Haltung ist definitiv der sichere Weg zum Erfolg.

- Um sich selbst und andere zu verstehen, ist die Erkenntnis hilfreich, dass jeder Mensch eine einzigartige individuelle innere Landkarte hat, die sich sein Gehirn aufgrund seiner Erfahrungen und seiner persönlichen Biografie »gezeichnet« hat. Diese Landkarte verändert sich im Laufe eines Lebens durch neue Erkenntnisse und Erlebnisse und ist daher niemals richtig oder falsch.

- Wir filtern die Welt durch unsere individuellen Landkarten. In unserem Kommunikationsverhalten gehen wir vielfach davon aus, dass das Gegenüber die gleiche Landkarte hat wie wir selbst. Das ist niemals der Fall. Landkarten können bestenfalls partiell übereinstimmen.

- Wenn Sie die Landkarten anderer Menschen als Chance auf eine Entdeckungsreise in ein neues Terrain auffassen – möglichst ohne vorgefasste Meinungen oder Urteile –, wird das nicht nur Ihre Perspektiven verändern und Ihren Horizont erweitern, es wird auch Ihre Flexibilität, mit neuen Situationen souverän und beweglich umzugehen, fördern.

Power Talking

Kraftvolle Sprache hat eine Geschichte

Es gibt viele Möglichkeiten, über Sachverhalte zu denken und diese auszudrücken. Manche Formulierungen sind dabei hilfreicher als andere. Eine positive, kraftvolle Sprache wirkt überzeugender auf unsere Gesprächspartner – und wirkt auch auf uns zurück. Sprache ist immer Ausdruck unseres Denkens. Änderungen des Denkens bewirken Veränderungen im Verhalten und bei der Sprache, die wir verwenden. Kein Mensch kann uns »in die Seele schauen«, aber jeder kann uns in unseren Mitteilungen wahrnehmen.

Viele Ideen des »Power Thinking – Power Talking« gehen auf den Urahn des positiven Denkens, Norman Vincent Peale, zurück. Sein Klassiker »Die Kraft des positiven Denkens« hat auch heute noch Bedeutung. Der amerikanische Managementtrainer George Walther hat in seinem derzeit vergriffenen Buch »Sage, was Du meinst, und Du bekommst, was Du willst«, aufbauend auf den Gedanken Norman Vincent Peales, die sprachliche Umsetzung des positiven Denkens sehr gut beschrieben. Es gibt inzwischen eine Fülle von Literatur mit vielen Anregungen, Dinge kraftvoll und positiv zu formulieren und damit mehr Wirkung auf andere und sich selbst zu erzielen.

»Einmal entsandt, fliegt das Wort unwiderruflich dahin.« Horaz

Die Konzepte der kraftvollen Sprache gehen weit zurück und werden von modernen Autoren nur in eine neue »Verpackung« gesteckt beziehungsweise im Regal des Wissens ordentlicher geschlichtet. Dass Ideen eine Geschichte haben, mindert aber nicht deren Wert. Es zeigt vielmehr, dass sie so bedeutend sind, dass sie kurze zeitgeistige Trends überdauern können.

Unter »Power Talking« wird manchmal auch der abwehrende Umgang mit Killerphrasen und abwertenden Bemerkungen verstanden. Damit wird nur ein Teil der Möglichkeiten, die kraftvolle Sprache bietet, erfasst und nicht ihr breites Spektrum.

Wie Sie Anklang finden

Kraftvolle Sprache zu verwenden, erleichtert die Kommunikation mit anderen und erhöht die eigene Wirksamkeit. Wessen Worte besser gehört werden und wessen Ideen besseren Anklang finden, der erhält auch positive Reaktionen von seiner Umwelt. Kraftvolle Sprache wirkt also auch systemisch auf uns zurück.

Kaum ein Mensch wird sich durch Appelle, Drohungen oder gutes Zureden in seinem Wesen verändern lassen. Die Art und Weise, wie Sie kommunzieren, wird jedoch die Qualität Ihrer Beziehungen prägen. Das führt noch nicht zu einer Veränderung (»Verbesserung«) des Charakters der Mitmenschen, aber sehr häufig zu einer Veränderung deren Verhalten Ihnen gegenüber. Und nur darauf kommt es an. Der Charakter ist Privatsache. Das Verhalten, die Worte und Taten sind es, die das Zusammenleben prägen.

Viele Vorgesetzte wünschen sich, das Wesen ihrer Mitarbeiter verändern zu können. Wenn er doch nicht so zögerlich wäre! Wenn sein Auftreten doch selbstsicherer wäre! Wenn sie doch mehr Verantwortung zeigte! So und ähnlich lauten die Klagen, die man als

Trainer/-in oder Coach zu hören bekommt, wenn es um Probleme mit Mitarbeitern geht. »Power Talking« ist eine Möglichkeit, auf andere Menschen einzuwirken und positive Veränderungen ihres Verhaltens zu fördern. Das gute Beispiel ist dabei auch ein wichtiger Aspekt ...

Kraftvolle Sprache erwirbt man nur durch Üben. Fangen Sie damit an, bei Sitzungen, Besprechungen und in alltäglichen Gesprächen, die »Weak Speeching« zu diagnostizieren! Es wird Ihnen sicherlich auffallen, wie häufig solche Formulierungen im Alltag vorkommen. Beginnen Sie dann schrittweise, Worte und Redewendungen zu verändern und neue Formen auszuprobieren, um etwas auszudrücken.

Wir sprechen, wie wir denken

Nützt es jedoch, nur seine Sprache zu verändern, um kompetenter, selbstbewusster, Vertrauen erweckender zu wirken und zu einer besseren Selbstachtung zu gelangen? Subjektiv gesehen: ja! Denn unsere Art, zu sprechen, etwas auszudrücken, eine Frage in Worte zu kleiden, hat eine Rückkoppelung zu unserem Denken – und damit auch zu unserem nonverbalen Verhalten. Worte stabilisieren unser Denken, durch Sprache werden Gedanken »real«. Kommunikation konstruiert Wirklichkeit.

Gedanken
↓
↕ Worte ↕
↓
Wirkung

Es ist interessant zu erkennen, dass auch hier das Prinzip »Ursache – Wirkung« vorliegt. Spannend ist, dass es keine Auswirkung gibt, für die keine Ursache vorliegt.

Was ich sage, ist die geronnene Essenz meines Denkens. »Wie kann ich wissen, was ich denke, bevor ich höre, was ich sage?« – so beschreibt der britische Humorist Graham Walls diesen Zusammenhang. Was wir aussprechen, vertieft die Engramme in unserem Bewusstsein. Wir lernen gewissermaßen durch unsere eigenen Worte auch unsere eigenen Gedanken, wir vertiefen sie und speichern sie besser ab. Bei der Sprache – als einem Element der Persönlichkeit und seiner Außenwirkung – anzusetzen ist ein möglicher Weg zu stärker ausgeprägtem Selbstvertrauen und besserer Überzeugungskraft.

Weak Speeching versus Power Talking

Hand aufs Herz! Wie oft fließen in Ihre Sprache Wörter wie »eventuell«, »vielleicht«, »möglicherweise«, »grundsätzlich«, »eigentlich«, »genau genommen« und so weiter ein? Diese rhetorischen »Weichmacher« reduzieren die Kraft einer Aussage und hinterlassen beim Zuhörer den – oft unbewusst wahrgenommenen – Eindruck, der Redner stehe nicht ganz zu seiner Sache. Wie kommen die folgenden Aussagen bei Ihnen an?

»Eventuell *komme ich morgen nach Hause.«*

»Vielleicht *werde ich einen Kuchen backen.«*

»*Dieser Computer ist* relativ *teuer.«*

»Im Prinzip *bin ich mit meiner Arbeit fertig.«*

»*An und für* sich hat mir der Film gefallen.«

»Wenn ich ehrlich bin, *habe ich mich auf der Party nicht wohl gefühlt.«*

»Irgendwo und irgendwann *werden wir uns wiedersehen.*«

»Im Großen und Ganzen *war das ein netter Abend.*«

Mit solchen Formulierungen vermittelt man dem Gesprächspartner – und sich selbst – den Eindruck, dass die Sache einen Haken hat und dass der Sender nicht hundertprozentig zu seiner Aussage steht. Vor allem das Wort »eigentlich«, das in der Alltagssprache häufig verwendet wird, ist ein Weichmacher der besonderen Art. Es schwächt jede Aussage, nimmt ihr die Kraft und vermittelt zwei verschiedene Wirklichkeiten. »Eigentlich ist er ein guter Vater.« (Und was ist der Mann »uneigentlich«? Ist er jetzt ein guter Vater oder nicht?) »Eigentlich ist er ein herzensguter Mensch.« Wer? Der Chef, der immer tobt? Welche der beiden transportierten Wirklichkeiten ist nun die Wahrheit des Sprechers? Als Zuhörer kann man nachfragen: Was ist nun Ihre/deine bevorzugte Wirklichkeit? Was stimmt für Sie/dich? »Eigentlich« impliziert zwei Aussagen in einer Formulierung und ist somit eine Art Gedankenvirus, der zum Selbstbetrug führt.

»Das Wort ›Versuchen‹ ist eine Einstellung, die Verantwortung vermeiden will.« Reinhard Sprenger

In der Umgangssprache beliebte Weichmacher sind auch die Wörter »versuchen« und »probieren«. Einerseits drücken beide Begriffe Vorsicht aus und bringen damit etwas zum Ausdruck, wofür man keine Garantie übernehmen kann oder will (»Wir versuchen, Ihr Auto bis zum Nachmittag zu reparieren«), andererseits eröffnen diese die bequeme Option des Scheiterns. Schließlich wurde nur ein Versuch versprochen, kein sicherer Erfolg.

Bei erfüllbaren Wünschen oder Bitten, wo bei einigem guten Willen Erfolg sehr wahrscheinlich ist, braucht man nichts zu versuchen.

»Ich werde versuchen, den Rasen zu mähen/auf meinem Schreibtisch Ordnung zu machen/auf den Geburtstag meiner Frau nicht zu vergessen«, sind eher Prophezeiungen fürs Scheitern und ein Zeichen für geringe Selbstverpflichtung. Einem Mitarbeiter, der es »mal mit dem neuen Projekt versucht«, werden Sie vermutlich weniger Vertrauen entgegenbringen als einem, der sagt: »Ich kann und schaffe es ...!« Denn Letzterer signalisiert deutlich, dass er sich auch selbst eine unmissverständliche Anweisung gibt, das Projekt umzusetzen, und sich keine Option des Scheiterns offen lässt.

Durch unsere Sprache programmieren wir auch unser Denken: Klare, direkte Aussagen ohne »Hintertürchen« festigen auch unser eigenes Selbstvertrauen und garantieren damit effiziente Umsetzung. Schließlich hat unser Gehirn klare Inputs erhalten und kann diese realisieren. Der Mut zum aufrechten Gang stärkt die Wirbelsäule ... Wenn wir zu einer Meinung/einem Vorschlag ganzheitlich stehen, aktivieren wir auch unsere unterbewussten Ressourcen – und werden dadurch effizienter arbeiten und denken können. Weichmacher also konsequent durch »Power Talking« – durch kraftvolle Sprache – zu ersetzen ist wichtig, wenn Sie beim Gesprächspartner klar und selbstbewusst »ankommen« wollen.

Nennform statt Möglichkeitsform

Die Möglichkeitsform (Konjunktiv) hat in der Sprache die Funktion, etwas auszudrücken, was nicht eindeutig ist, wozu es keine klare Aussage gibt, wo Denkvarianten offen bleiben. Ein Beispiel: »Das Wetter könnte durchaus noch schön werden.« Wir wissen nicht genau, wie sich das Wetter entwickelt – daher passt hier die Möglichkeitsform. Oder: »Mit einem saftigen Knochen wäre der bellende Killerhund vermutlich zu besänftigen.« Es besteht eine Wahrscheinlichkeit, jedoch keine Sicherheit, dass der Hund auf den Knochen positiv reagiert. Oder: »Wenn wir auf die neue Software umsteigen, würden wir x Euro im Jahr sparen.« Da der Umstieg noch keine beschlossene Sache, sondern nur angedacht ist, ist die Möglichkeitsform hier passend.

Falsch verwendet ist der Konjunktiv, wenn die Aussage eindeutig ist: »Könntest du bitte das Fenster aufmachen?« Hier wird er als Höflichkeitsfloskel verwendet, denn es besteht kein Zweifel darüber, dass der oder die Angesprochene die Fähigkeit besitzt, das Fenster tatsächlich zu öffnen.

Übertriebene Höflichkeit schwächt Aussagen

»Könnten Sie bitte Herrn X anrufen?«, sagt der Chef zur Sekretärin. »Würdest du so nett sein und mit mir einen Urlaubstag tauschen?« ist die in einen Konjunktiv gekleidete Bitte einer Kollegin an die andere. Gegen den Höflichkeitskonjunktiv gibt es nichts einzuwenden, wenn er in Situationen verwendet wird, wo kraftvolle Sprache nicht notwendig oder sogar kontraproduktiv ist. Anders ist es bei Führungsbotschaften im Betrieb, bei klaren Forderungen im Geschäfts- und Privatleben – und auch bei Selbstgesprächen.

Der so genannte »Demutskonjunktiv« zählt jedoch zu den klassischen Weichmachern und ist das Gegenteil von kraftvoller Sprache. »Könnten Sie mir da vielleicht noch einen kleinen Rabatt einräumen?« ist keine kraftvolle Aussage bei der Verhandlung um den Preis eines Neuwagens. »Ich würde meinen, dass wir es mit diesem Werbekonzept versuchen sollten« ist als Aussage eines Managers in einer internen Entscheidungssitzung kein Zeichen von Führungsqualität.

Die Nennform statt des Konjunktivs ist überall dort gefragt, wo es eine eindeutige Aussage, einen klaren Wunsch oder einen konkreten Auftrag gibt. Das gilt im Berufsleben genauso wie im Privatleben. Wenn eine Führungskraft etwas will, erreicht sie mehr, wenn sie diesen Wunsch nicht mit einem Konjunktiv verbrämt –

denn auch die Mitarbeiter lieben eine klare, direkte und konkrete Sprache. Wer sich als Zuhörender erst durch den Wollmantel der Möglichkeitsform wühlen muss, um zum Kern der Botschaft zu kommen, ist schwerer zu motivieren. Das Bedürfnis nach Klarheit und Eindeutigkeit ist ein menschliches Grundbedürfnis.

Klare Sprache schafft Sicherheit

Auch im Privatleben steigt die Chance auf Durchsetzung der eigenen Wünsche und Ziele, wenn diese klar formuliert werden. Denn ein klar geäußerter Wunsch/eine direkt formulierte Bitte signalisiert dem Gesprächspartner, dass ich es ernst meine und zu meinem Wunsch stehe. Auch hier gilt: Die klare Sprache wirkt auch auf mich selbst zurück. Selbstvertrauen und Selbstsicherheit steigen, wenn ich sage, was Sache ist. Wer sich durch Konjunktive und Weichmacher zu viele »Hintertürchen« offen lässt, drückt anderen gegenüber Zweifel daran aus, dass er sich selbst ernst nimmt. Und das Offenhalten zu vieler Auswege begünstigt die Verzettelung der eigenen Energie.

Die Kraft meiner Persönlichkeit fließt dann nicht in meine Worte, in meine Wünsche und Ziele, sondern verteilt sich gleichmäßig auf viele Auswege und Seitenpfade. Wer in seiner Sprache seine persönliche Energie auf klare Aussagen richtet, wer mit seiner Persönlichkeit hinter seinen Worten steht, lernt, seine Energie zielgerichtet einzusetzen.

Das Risiko eines Konflikts/einer Ablehnung, das bei der direkten Sprache scheinbar größer ist, wiegt wenig im Vergleich zum Gewinn an Sicherheit und damit auch an Lebensqualität. Und: Die Befürchtung, durch eine klare, eindeutige, weichmacherfreie Sprache mehr Widerstände oder Konflikte auszulösen oder mit glatter Ablehnung konfrontiert zu werden, ist geringer, als viele Menschen annehmen. Sicheres Auftreten wird von den meisten Menschen mit

Achtung und Respekt quittiert, nur wenige lieben den »Crash« mit einer selbstsicher auftretenden Person.

Die Verwendung der Formulierungen »es könnte«, »man sollte«, »das würde« und so weiter hinterlässt – analog zu den Weichmachern – einen wenig überzeugenden Eindruck und vermittelt Unsicherheit und mangelndes Vertrauen in sich selbst.

Beispiel

Eine als Regionalpolitikerin tätige Seminarteilnehmerin demonstrierte ein anschauliches Beispiel für »weich gemachte«, energieraubende Kommunikation. Bitte achten Sie dabei weniger auf den Inhalt als auf die Worte!

*Wir in der Gemeindepolitik **möchten alle** Bürgerinnen und Bürger mit einbeziehen. **Eventuell können** wir **vielleicht** im Frühjahr eine BürgerInnenversammlung abhalten. **Jeder** von euch **dürfte** dann seine Meinung sagen. **Ganz offen gesagt** bin ich auch der Meinung, dass es **besser** wäre, die Straße gesperrt zu halten. **Nie** habe ich gesagt, dass ich euch **nicht** informieren werde. Wie **wäre** es, wenn wir das bei einem Kaffee **ein anderes Mal besprechen**?*

Nachdem sich die Teilnehmerin ihre energieraubenden Wörter bewusst gemacht hatte, formulierte sie die Rede folgendermaßen um:

Wir laden alle Bürgerinnen und Bürger ein, die Gemeindepolitik mitzugestalten. Wir werden im Frühjahr eine BürgerInnenversammlung abhalten, dann hat jeder von euch die Möglichkeit, seine Meinung zu äußern. Ich persönlich bin der Meinung, dass es besser ist, die Straße gesperrt zu halten. Bis zur Versammlung werde ich Sie über die Vor- und Nachteile informieren. Ich lade Sie jeden ersten Dienstag im Monat zwischen 14 und 17 Uhr ins Amts-

haus ein. Ich beantworte dann gerne Ihre Fragen und bespreche Ihre Anliegen bei einer Tasse Kaffee.

Selbstsicherheit ist nicht zu verwechseln mit mangelnder Kritikfähigkeit oder gar Selbstherrlichkeit. Selbstvertrauen, welches für eine Sache eingesetzt wird und nicht gegen andere Menschen gerichtet ist, ist wertschätzend und respektvoll. Selbstsicheres Verhalten, welches offen für Kritik bleibt, wirkt sympathisch und kompetent. Einen Standpunkt zu haben bedeutet nicht, stur oder unflexibel zu sein – es demonstriert jedoch anderen (und auch dem eigenen Unterbewusstsein), dass man sich eine Sache gut überlegt hat und bereit ist, für seine Gedanken und Worte Verantwortung zu übernehmen.

Unsicherheit provoziert Widerspruch

Warum sind »Weichmacher« und Konjunktive gerade in unserem Kulturraum so beliebt? Deshalb: Sie eröffnen eine einfache Rückzugsmöglichkeit. Wird ein Vorschlag im Konjunktiv mit vielen »Weichmachern« versehen eingebracht und stößt dieser auf Ablehnung, dann kann der Initiator diese schnell wieder mit »War ja nur so eine Idee« abtun. Viele Menschen haben Angst, dass Vorschläge im Indikativ, selbstsicher vorgetragen, andere zum Widerspruch anstacheln und sie in eine Konfliktsituation geraten lassen, in der sie sich verteidigen müssen und möglicherweise ihr Gesicht verlieren. Der Konjunktiv, so meinen sie, appelliere an die natürliche Beißhemmung der anderen Gesprächsteilnehmer.

Doch meiner Überzeugung nach ist genau das Gegenteil der Fall: Unsicherheit provoziert geradezu Widerspruch. Die meisten Menschen wollen – beruflich und privat – mit anderen Menschen zusammen sein, die wissen, was sie wollen, die einen klaren Standpunkt haben und damit auch demonstrieren, dass sie eigenständige Persönlichkeiten sind. Kriecher sind keine willkommenen

Gesprächspartner (außer für bestimmte Typen von Diktatoren beziehungsweise auch für autoritäre Führungskräfte ...). Paradoxerweise erfährt man auch weniger Widerstand und Ablehnung für seine Ideen, wenn man sie selbstsicher und überzeugt vertritt.

»Und« statt »aber«

Im NLP und auch bei vielen klassischen Telefontrainings wird empfohlen, das Wort »aber« durch das Wort »und« zu ersetzen. »Aber« ist auch eine Negativformulierung. Sie vermittelt das Gefühl der Abwertung, welches im Bauchgehirn wahrgenommen wird. Dadurch werden Neurotransmitter und Hormonbotenstoffe ausgeschüttet.

Wenn Sie etwa Ihrem Sohn mitteilen: »Du bist gut in Mathematik, aber eine Niete in Latein«, wird der positive Teil der Aussage abgewertet. Oder Sie sagen einem Mitarbeiter: »Das Projekt haben Sie gut erledigt, aber in Ihrem Büro sieht es aus, als hätte eine Bombe eingeschlagen!« Dann wird die Leistung des Mitarbeiters durch den zweiten Satzteil minimiert. Besser werden folgende Formulierungen ankommen: »Du bist gut in Mathe, und in Latein sollst du mehr lernen!« Und im Fall des Mitarbeiters: »Das Projekt haben Sie gut erledigt, und Ihr Schreibtisch gehört aufgeräumt!«

Vielfach soll durch ein »aber« ein rhetorischer Gegensatz oder eine dialektische Spannung ausgedrückt werden – und keine Abwertung oder unterschiedliche Bewertung der beiden Teile des Satzes. Wird das Wort »aber« konstruktiv eingesetzt, macht das durchaus Sinn. Lassen Sie mich als Beispiel einen bekannten Werbeslogan zitieren. »Crisan ist sauteuer – aber es wirkt.« Preis und Wirksamkeit sind ja keine Gegensätze, ganz im Gegenteil. Weil Crisan, laut Werbung, eine so hohe Qualität hat, ist es auch entsprechend kostspielig. Vielfach ist es leicht möglich, Alternativen gleichberechtigt nebeneinander stehen zu lassen: »Herr Müller ist derzeit nicht im

Büro – und ich richte ihm gerne aus, dass Sie angerufen haben.« Das »aber« wegzulassen, reduziert die Gefahr, dass ein Gefühl von Ablehnung und/oder Abwertung mitschwingt.

Konkret statt allgemein

Viele Missverständnisse in der Kommunikation entstehen durch abstrakte Zuschreibungen. Die Interpretationen darüber, was beispielsweise unter Qualität oder Verlässlichkeit zu verstehen ist, bis hin zum Verständnis, was einen guten Mitarbeiter ausmacht, klaffen weit auseinander. Auch die Etikettierung mit Eigenschaften wie »schön«, »gut«, »schlecht«, »faul«, »langsam« und viele mehr lassen einen breiten Interpretationsspielraum offen. Denn was für den einen »schön« oder »gut« ist, kann für einen anderen genau das Gegenteil bedeuten. Solche Zuschreibungen sind abstrahierte Erfahrungen auf der Landkarte jedes Einzelnen und daher meist vom akuten Geschehen abgekoppelt.

Sehen wir uns das Prädikat »schlampig« an. Für den einen bedeutet »schlampig« beispielsweise ein übervoller Aschenbecher, schlecht sitzende Kleidung oder ein vollgeräumter Schreibtisch. Für den anderen sind diese Dinge irrelevant. »Schlampig« heißt für sie/ihn, dass Post falsch abgelegt wurde, Anrufe nicht entgegengenommen oder Rechtschreibfehler übersehen wurden. Deshalb ist es wichtig, bei Lob oder Feedback über erwünschtes Verhalten genau und für den anderen nachvollziehbar zu formulieren. Statt »Sie sind immer so schlampig« sagen Sie besser: »Bitte leeren Sie Ihren Aschenbecher zweimal täglich und räumen Sie Ihren Schreibtisch auf.« Oder: »Bitte legen Sie künftig die eingehende Post im roten Aktenordner ab.« Wenn Sie die erwünschte Handlung konkret benennen, reduzieren Sie das Risiko eines Missverständnisses.

Verflixte Generalisierungen

Herr Direktor Dr. Pechfogäl ist mit seinen Nerven am Ende. Soeben hat die vierte Sekretärin, die er in diesem Jahr eingestellt hat, ihr Kündigungsschreiben auf den Tisch gelegt. »Alle Mitarbeiter laufen mir davon! Ich kann niemanden länger halten! Nie habe ich Glück bei der Personalauswahl! Keiner ist den Anforderungen dieser Stelle gewachsen! Jedes Mal werde ich wieder enttäuscht!« Das innere Selbstgespräch des Herrn Direktor könnte dazu führen, dass er sich gerade selbst in einen sehr unangenehmen Zustand hineinsuggeriert.

Der Mensch tendiert dazu, aus einer Reihe von Ereignissen »Lehren« zu ziehen und daraus eine Regel, ein ehernes »Gesetz«, abzuleiten: »Keiner hält es mit mir aus!« Aus Einzelvorkommnissen werden fixe Vorstellungen, die sich von den konkreten Erlebnissen entfernen und eine prognostische Wirkung in die Zukunft entfalten: »Daher wird es mir bei der fünften, der sechsten und der siebenten Sekretärin sicher auch so gehen …« Dabei ist er nur ein Opfer seiner unsauberen Sprache geworden. Denn es laufen ihm keineswegs alle Mitarbeiter davon. Sein Assistent hält es bereits vier Jahre bei ihm aus, seine Putzfrau sogar schon acht. Tatsächlich hatte er bei der Personalauswahl öfter sehr großes Glück. Der Verkaufsleiter ist ein Star, und der Computerexperte ein echtes Genie. Und den Anforderungen dieser Stelle waren zumindest zwei der vier Damen sehr wohl gewachsen – nur erfreuen sie sich eben guter Hoffnung …

Worte wie »immer«, »nie«, »jedes Mal«, »alle«, »keiner«, »nirgends« und so weiter sind so genannte »Universalquantoren« und selten eine zutreffende Abbildung der Wirklichkeit. Sie sind meist nur eine sprachliche Verkürzung, eine Vereinfachung von Ereignissen, die man auf diese Weise besser (und dramaturgisch spannender) erzählen oder sich für sein eigenes Welt- und Menschenbild leichter einprägen kann. Vor allem wenn sie in einem klagenden Kontext, als Problem oder Leid verwendet werden, schwächen sie den Sprecher in seiner Wirkung nach außen und »hypnotisieren« ihn zu einer Engführung seiner Wahrnehmung.

Der amerikanische Kommmunikationsforscher Marshall B. Rosenberg weist eindrücklich darauf hin, dass das Verhalten anderer Menschen nur die Reaktionen in uns auslösen kann, die wir uns selbst gestatten – wie wir reagieren, wenn Erwartungshaltungen nicht erfüllt oder Hoffnungen enttäuscht werden. Sprachlich unterstützend ist es in diesen Fällen, das Verhalten der anderen und die eigene Reaktion darauf im Reden und Denken darüber zu trennen. Wer seinem Gesprächspartner daher berichtet, dass manchmal bestimme Worte und Verhaltensweisen anderer Menschen seine innere »Achillesferse« treffen, er sich so aus seinem inneren Gleichgewicht bringen lässt und daher daran arbeitet, seine Reaktionen in Zukunft bewusster zu steuern, trägt durch seine Formulierungen zu einem stressfreieren Leben bei.

Zwischen Ja und Nein ist es bunt

Mit unserem Denken versuchen wir die Welt, die uns umgibt, in unserem Kopf einzufangen. Dabei neigen wir zu Vereinfachungen, zur Reduktion komplexer Situationen auf einfache Modelle.

Meist realisiert man die Wirklichkeit durch eine gezielte differenzierte Beschreibung. Das Denken in einem breiten Spektrum von Möglichkeiten ermöglicht kreativere Verhaltensweisen und eine reichere Sprache. Wenn ich beispielsweise frage: »Hat Dir XY gefallen?«, so erhalte ich als Antwort ein Ja oder ein Nein. Wenn ich frage, was dir denn an XY gefallen beziehungsweise nicht gefallen hat, so erhalte ich eine inhaltlich genauere Beschreibung und damit mehr Information.

Am Ende einer Präsentation kann man fragen: »Haben Sie noch Fragen?«, und man provoziert damit eher ein »Nein« (besonders, wenn draußen schon der Kaffee und die Leckereien warten). Fragt man hingegen: »Welche Fragen haben Sie noch?«, so werden damit mehr Frageideen in den Köpfen der Teilnehmer stimuliert. Geschlossene Fragen reduzieren die Wirklichkeit auf ein Schwarzweißmuster. Offene Fragen ermöglichen ein buntes Bild.

Fragt ein Verkäufer seinen Kunden, ob er mit dem Produkt zufrieden ist, dann wird er, wenn der Kunde nicht unzufrieden ist oder gerade an einem akuten Anfall von Langeweile leidet und jemanden zum Plaudern braucht, ein kurzes knappes »Ja« hören. Der Kunde hat seine Ruhe vom Verkäufer, und der Verkäufer braucht sich mit diesem Kunden auch nicht mehr länger zu beschäftigen. Lautet die Frage jedoch: »Wie können wir Ihrer Meinung nach unser Produkt/unseren Service/unsere Dienstleistung noch weiter verbessern?«, dann stimuliert das kreative Antworten und liefert dem Fragenden Informationen, mit denen er vielleicht noch nicht gerechnet hat. Eine Sprache, die zwischen Ja und Nein auch andere Möglichkeiten offen lässt, hilft, Gedanken zu generieren, die noch nicht vorgekaut sind – die vielleicht neu, innovativ und weiterführend sind.

In der Kommunikation spricht man von der analogen Sprache und dem analogen Denken, das mehr Ideen zulässt und die Wirklichkeit besser abbildet als das schwarzweiße, digitale Denken. Ein Computer kann nur digital »denken« – in den Zahlen Eins und Null, dem binären System.

Analoges Denken ist sicher aufwendiger, erfordert mehr Konzentration im Gespräch und erzeugt komplexe Bilder. Aber es ist lohnend und macht unser Reden reichhaltiger, bunter und spannender. Kraftvolle Sprache ist analoge Sprache, differenziert, kreativ und inhaltsreich.

Falsche Bescheidenheit

Welche Formulierung erweckt bei Ihnen mehr Vertrauen und Sympathie? Herr Müller wird von seinem Vorgesetzten, Herrn Mayer, gefragt, ob er das neue Projekt leitend übernehmen kann, obwohl er sich mit dieser Materie bisher noch nicht befasst hat.

Antwort A: »*Herr Mayer, das habe ich noch nie gemacht, das kann ich nicht. Sie sollten sich einen besser Geeigneten suchen, ich will Sie ja nicht durch eine unprofessionelle Leistung enttäuschen …*«

Antwort B: »*Herr Mayer, das ist das erste Mal, dass ich mich mit diesem Thema beschäftige. Ich danke Ihnen für das Vertrauen und werde mein Bestes geben, mich in die Materie möglichst schnell einzuarbeiten. Ich empfinde das als echte Herausforderung.*«

Beide Antworten sagen inhaltlich das Gleiche aus: Herr Müller hat keine Ahnung von der Materie. Doch die erste Antwort hat den Fokus auf dem Defizit, auf einem möglichen Scheitern. Die zweite Antwort legt den Fokus auf die neue Herausforderung, auf die Chance und den Vertrauensvorschuss.

Sein Licht unter den Scheffel zu stellen ist in unserer Kultur weit verbreitet. Aber nicht nur chronische Drückeberger üben sich in falscher Bescheidenheit. Bei vielen Menschen klingt der Spruch »Eigenlob stinkt, Freundeslob hinkt, fremdes Lob klingt« noch zu heftig im inneren Ohr. In einer sozial-karitativen Organisation, in der ich einmal tätig war, waren Selbstabwertungen, falsche Bescheidenheit und negative Aussagen über die eigene Organisation – oft scherzhaft oder ironisch gemeint – an der Tagesordnung. Eine Mitarbeiterin machte dann eines Tages den Vorschlag, für jede »Killerphrase« und jede negative Aussage über sich selbst oder die Organisation einen Euro in die Kaffeekasse zu zahlen. Die Killerphrasen verschwanden zuerst …

Selbstabwertungen schaden nicht nur der eigenen Wirkung auf andere. Was soll ein Geschäftspartner, Kunde oder Freund von uns denken, wenn wir uns selbst oder das eigene Unternehmen dauernd negativ beschreiben, mit Spott und Ironie über uns selbst reden? Diese Abwertungen reflektieren auf uns wieder zurück, wir schaden dadurch nicht nur unserem Image, sondern auch unserer Psyche und Physe. Wenn wir Selbstabwertungen oft aussprechen, werden wir schließlich selbst an unsere Äußerungen glauben und danach leben.

Das Gegenteil von Selbstabwertung ist nicht Angebertum oder Selbstverliebtheit – sondern eine realistische Einschätzung der eigenen Fähigkeiten (als Person oder Unternehmen) – und der eigenen Grenzen. Innerhalb aller Grenzen gibt es jedoch immer auch Ressourcen. Diese gilt es wahrzunehmen und zu nützen.

Selbstvertrauen statt Selbstabwertung

Ihre Ehepartnerin/Ihr Ehepartner überrascht Sie mit der Bitte, eine undichte Stelle in der Waschmaschine ausfindig zu machen und diese zu reparieren. Im Badezimmer habe es erneut eine Überschwemmung gegeben. »Das schaffe ich nie« als Antwort ist eine hinderliche mentale Einstellung zu dieser Herausforderung, denn die Option des Scheiterns wird als erste Möglichkeit genannt. Schafft man es dann wirklich nicht, kann man dem Partner (und sich selbst) freudestrahlend erklären: »Siehst du, ich habe es dir ja gleich gesagt …« Eine Formulierung wie »Das habe ich zwar noch nie gemacht, es ist dennoch eine interessante neue Aufgabe!« fördert unbewusst die Ressourcen des Sprechenden.

> **»Der Kopf ist rund, damit das Denken die Richtung wechseln kann.«**
> Francis M. de Picabia

Wer mit einer pessimistischen Vorannahme an die Erfüllung einer neuen Aufgabe geht, wird all die Schwierigkeiten und Hindernisse, von denen er »geahnt« hat, dass sie kommen werden, aufmerksam registrieren. Sätze wie »Ich sehe da einen ordentlichen Haufen Probleme auf uns zukommen« haben eine autosuggestive Kraft. Wie von Zauberhand geführt, werden die vorhergesagten Schwierigkeiten auch auftauchen. Wer beim gleichen Projekt von einer interessanten Pionierleistung spricht, wer das als Führungskraft seinen Mitarbeitern als tolle Bewährungschance »verkauft«, wird mehr Ressourcen aktivieren.

Jede Vorannahme, egal ob eine positive oder eine negative, wird durch das Aussprechen, durch das Reden darüber, stabiler. Worte, die nicht nur gedacht, sondern in Schall umgewandelt wurden, werden wirksam. Es lohnt sich daher, sehr bewusst mit seinen Vorurteilen, Vorannahmen und »Voraussagen« umzugehen, damit sie sich nicht gegen sich selbst und seine Kommunikationskraft auswirken.

Empfängergerecht formulieren

Welchem Verkäufer hören Sie lieber zu? A oder B?

Verkäufer A preist die Vorzüge seines Produkts folgendermaßen an: *»Mit diesem Herd erwerben Sie ein Stück österreichische Qualitätsarbeit, das neueste Technologien enthält. Da ist zum Beispiel die XYZ-Beschichtung des Backraums, eine Technik, die aus der Weltraumfahrt kommt. Und für die Temperatursteuerung verwenden wir einen Qualitätschip mit 32 Kilobyte Datenbus. Außerdem sind die Türscharniere aus einer Speziallegierung und so weiter …«*

Verkäufer B erklärt das gleiche Produkt so: *»Dieser Herd erleichtert Ihnen das Kochen und Backen ganz besonders. Die Elektronik hilft Ihnen, die Temperatur immer richtig eingestellt zu halten. Sie* *müssen weniger oft kontrollieren, ob ein Kuchen schon fertig oder ein Braten schon durch ist. Auch die Reinigung wird Ihnen erleichtert. Sie können diesen Herd mit wenigen Handgriffen säubern. Und ich garantiere Ihnen, dass Sie an diesem Stück lange Freude haben werden, denn alle Teile sind von besonders hoher Qualität …«*

Verkäufer A ist der senderorientierte. Er »sendet« die Informationen über die Vorzüge seines Produkts zum Käufer. Egal, ob diesen die Einzelheiten interessieren oder ob er mit den Informationen etwas anfangen kann. Senderorientierung ist oft die Eigenschaft von Spezialisten, die von ihrem Produkt, ihrer Idee, so begeistert sind, dass sie ganz darauf vergessen, dass der Gesprächspartner vielleicht nicht von vornherein die gleiche Emotion dafür mitbringt.

Verkäufer B dagegen übersetzt die Produktvorzüge in einen praktischen Nutzen für den Käufer. Er spricht aus der Perspektive des potenziellen Kunden: Was bringt mir dieses oder jenes Feature? B hat den Sprung von seiner Botschaft, seinem Wissen, seinem Produkt zum Nutzen, zum Wert für den anderen geschafft. Empfängerorientierung bedeutet, etwas mit den Augen des anderen zu sehen, auf dessen Landkarte einzugehen, sich in seine Situation hineinzudenken und in »seine Haut zu schlüpfen«.

Dieser Aspekt der kraftvollen Sprache, einer Sprache, die Wirkung auf meine Gesprächspartnerin/meinen Gesprächspartner hat, wird in vielen Verkäufertrainings ausführlich besprochen. Empfängerorientiert zu sprechen, erhöht unsere Wirksamkeit auch in jedem anderen Gespräch. Wenn ich meine Partnerin/meinen Partner davon überzeugen möchte, den Urlaub an einem bestimmten Ort zu verbringen, kann ich von den Argumenten schwärmen, die mich selbst überzeugen, oder aus der Sichtweise der Partnerin/des Partners heraus argumentieren: »In X wird dir das Essen bestimmt zusagen, denn dort wird mediterran gekocht. Und der breite Sandstrand entspricht genau deinem Bedürfnis, bequem ins Wasser zu kommen. Und deiner empfindlichen Haut tut es sicher gut, ab und zu im Schatten der dort reichlich vorhandenen Pinien zu liegen ...«

Jeder Mensch genießt es, wenn sich andere Menschen mit ihm beschäftigen, ihn mit seinen Bedürfnissen, Wünschen und Zielen ernst nehmen. Es ist eine Form von Zuwendung, von Wertschätzung, die wir erfahren, wenn andere sich in unsere Lage hineinversetzen. Wer immer nur von sich und seinen Bedürfnissen spricht, langweilt andere.

Besonders faszinierend an der empfängerorientierten Sprache ist – über die bessere Wirkung auf den Gesprächspartner hinaus – die positive Wirkung auf sich selbst zurück. Sich auf andere Menschen einzustellen, sich mit ihnen zu beschäftigen, ihnen Achtung und Zuwendung zu schenken, tut auf »paradoxe« Weise auch uns selbst gut. Es ist eine tiefe mentale, fast spirituelle Weisheit, dass es unserer eigenen Seele nützt, anderen Menschen Wertschätzung zu geben. »Geben ist seliger denn Nehmen«, sagt schon der Volksmund.

Die Bereitschaft zur Fürsorge und zum Gemeinschaftsverhalten ist in unseren Instinkten verankert und entspricht dem Bauplan des Menschen. Wenn wir mit unserem Denken und Sprechen nicht nur auf uns selbst fixiert sind, sondern andere Menschen in den Fokus unserer Aufmerksamkeit rücken, hilft das auch uns selbst, neue Perspektiven zu erschaffen. Dadurch erweitern wir unser Blickfeld, wir lernen, die Welt auch mit den Augen anderer Menschen zu sehen. Diese Perspektiven können bereichern – mitunter auch befreiend wirken! Denn wer immer nur im »eigenen Saft« schmort, neigt tendenziell zum Selbstmitleid.

Zum Pessimismus neigende Menschen denken häufig nur an ihre eigenen Probleme, ihre eigenen Befindlichkeiten und physische

Unpässlichkeiten. Kraftvoll denkende Menschen sind nach außen orientiert und artikulieren das auch in ihrer Sprache sowie in ihrem Denken. Von der Sender- zur Empfängerorientierung zu kommen, macht uns daher nicht nur wirksamer in unseren Beziehungen mit anderen Menschen, es stärkt uns auch innerlich kraftvoll.

Sowohl die Übersetzung durch den Sender als auch die Übersetzung durch den Empfänger erfolgt nach individuellen, subjektiven Kriterien. Es ist daher wichtig, dass der Empfänger die empfangene Botschaft auch wieder in seine Gedankenwelt übersetzen kann.

Märtyrer oder Macher?

Unsaubere Sprache zeigt sich auch häufig bei der Zuschreibung von Ursache-und-Wirkungs-Mechanismen. »Er macht mich völlig fertig«, sagt Kollegin X über Zimmerkollegen Y zum Betriebsrat. »Meine Frau treibt mich noch in den Wahnsinn«, klagt der Direktor beim Golfspiel seinem Anwalt. Dieser Sprachstil vermittelt die Vorstellung, dass andere Menschen einen direkten Einfluss auf unser psychisches Befinden haben können, er suggeriert viel Macht in die Hände von anderen. Dabei liegt es immer nur an uns selbst, wie wir auf bestimmte Worte und Gesten reagieren.

Wenn Sie eine bestimme Arbeit nicht übernehmen wollen, können Sie das mit verschiedenen Worten ausdrücken. Sie können sagen: »Mein eingeengter Zeitplan lässt das leider nicht zu ...« oder: »Ich setze derzeit meinen Schwerpunkt auf Projekt X ...« Im einen Fall sind Sie Opfer Ihres eigenen Zeitplans, Gefangene/r Ihres Terminkalenders, im anderen Fall verfügen Sie über Ihre Zeit selbst. Viele Menschen bevorzugen die Opfersprache, weil sie dann die Verantwortung für ihre Entscheidungen nicht übernehmen und sich daher auch nicht rechtfertigen zu brauchen. »Anonyme Mächte« bestimmen über ihr Leben und ihre Zeit, dagegen kann man halt nichts machen.

Viele sehen sich nicht nur gerne als Opfer ihres (selbst produzierten) Stresses – vielmehr fühlen sie sich als Opfer der Umstände, der Mitmenschen und überhaupt der schwierigen gesellschaftlichen und politischen Verhältnisse. Jeder Ausdruck wie »Die anderen sind schuld«, »Wenn die Umstände nur besser wären«, »Unter so einem Chef habe ich es einfach schwer« und so weiter weisen die Verantwortung für das eigene Leben zurück und delegieren diese an äußere Kräfte. Persönlichkeiten stehen hingegen zu ihrer Verantwortung – auch wenn sie dadurch in Konflikt mit anderen geraten. Kraftvolles Denken fokussiert auf die eigenen Möglichkeiten und nicht auf die äußeren Begrenzungen.

Der Verweis auf Vorschriften, Regeln, Traditionen und Gepflogenheiten ist eine gängige Variante der Opfersprache. »Ich würde ja sofort zustimmen, aber Sie wissen ja, die Vorschriften ...« Hier wird an den allgemeinen Bürgergehorsam appelliert, an das staatsbürgerliche Verständnis für die Notwendigkeit sturer Regelbefolgung. Dass diese Haltung nicht nur dem Mitmenschen, sondern auch dem Sprecher selbst Schaden zufügt, liegt auf der Hand: Eigenes Denken, eigene Kreativität und Kompetenz wurden an der Garderobe abgegeben, weil man ja ohnehin nur die Vorschriften beachten muss.

Verantwortung tragen hingegen zeichnet eine starke Persönlichkeit aus!

Müssen macht ohnmächtig

Kommen Ihnen die folgenden Sätze bekannt vor?

*»Ich **muss** mein Auto zum Service bringen.«*

*»Ich **muss** Blumen für meine Frau zum Hochzeitstag kaufen.«*

»Ich ***muss*** *morgen um sechs Uhr aufstehen.«*

»Ich ***muss*** *meine Steuererklärung machen.«*

»Ich ***muss*** *den lästigen Kunden X besuchen.«*

Die gute Nachricht ist: Sie müssen überhaupt nichts – außer irgendwann zu sterben! Machen Sie sich bewusst, dass Sie immer wählen können, immer eine Alternative haben. Auch wenn Ihnen diese momentan nicht gefällt. Alles, was Sie tun, liegt in Ihrem Ermessen und Ihrer Entscheidung. Der Mensch ist in der Lage, Frust und Schmerzen zu ertragen, wenn er weiß, wofür. Manchmal verhindert das »beseelte Akzeptieren« eines geringen Schmerzes einen größeren. Stellen Sie sich vor, ein Zahn macht sich unangenehm bemerkbar. Wenn Sie beim ersten Anzeichen eines Schmerzes gleich Ihren Zahnarzt aufsuchen, ersparen Sie sich möglicherweise einen Eiterherd, den gegebenenfalls ein paar Wochen später nur mehr der Kieferchirurg sanieren kann.

»Für gewöhnlich stehen nicht die Worte in der Gewalt des Menschen, sondern die Menschen in der Gewalt der Worte.«

Hugo von Hofmannsthal

Etwas zu »müssen«, macht ohnmächtig. Sie signalisieren dadurch Ihrem Unterbewusstsein, dass nicht Sie selbst über Ihr Leben bestimmen, sondern dass Sie fremdbestimmt sind und Ihre Verantwortung abgegeben haben! Wissen Sie auch, wer diese Verantwortung nun für Sie trägt?

Mussbotschaften werden meist unreflektiert aus der Kindheit übernommen und verursachen Druck. Stellen Sie sich die Umkehrfrage: Was passiert, wenn ich das, was ich glaube, machen zu müssen, nicht tue? Wer zwingt Sie denn dazu? Niemand! Nur Ihre konditionierten Glaubensmuster veranlassen Sie dazu. Zweifellos wird Ihr Nichttun Folgen haben. Ist Ihnen dieser Mechanismus erst einmal bewusst, versetzt er Sie in die Lage, wählen zu können. Weiters verdeutlicht er, warum Sie sich dafür entscheiden, bestimmte Dinge auch dann zu erledigen, wenn Sie diese nicht gerne tun. Entweder weil Sie Vorteile davon haben oder weil Sie die Nachteile nicht in Kauf nehmen wollen.

Auf der Basis dieser Erkenntnisse können die eingangs erwähnten Sätze unter dem Aspekt des Nutzens, den Sie persönlich aus Ihrer Wahl ziehen, folgendermaßen neu formuliert werden:

»Ich will mein Auto zum Service bringen, weil mir ein fahrbereites, sicheres Fahrzeug wichtig ist.«

»Ich will mich daran erinnern, meiner Frau zum Hochzeitstag Blumen mitzubringen, weil es mir wichtig ist, dass sie sich geliebt fühlt.«

»Ich will morgen um sechs Uhr aufstehen, damit ich genügend Zeit habe, mich dem Anlass gemäß zu kleiden und meine Strategie noch einmal zu überdenken, und schließlich pünktlich und entspannt zum Termin X zu kommen.«

»Ich will meine Steuererklärung ausfüllen und dabei sehr genau und ordentlich sein. Da ich jetzt noch genügend Zeit habe, sämtliche Belege zu sortieren und den Rat meines Steuerberaters einzuholen, wird mir das viel Geld sparen.«

»Ich will den Kunden X besuchen, weil seine Aufträge einen wichtigen Beitrag zu meinem Einkommen und zur Sicherung meiner Position beitragen.«

Diese Beispiele sind nur eine kleine Auswahl aus vielen Möglichkeiten! Ihrem Erfindungsreichtum sind hier keine Grenzen gesetzt.

Entscheidend dabei ist, dass Sie sich nicht als Spielball anderer oder vermeintlicher »fremder Mächte« zur Verfügung stellen, sondern die Verantwortung für alle Ihre Formulierungen und Ihre Handlungen übernehmen.

Ich lade Sie ein, zu diesem Thema folgende Kurzgeschichte zu lesen.

Der Bär ist los!

Großer Aufruhr im Wald! Es geht das Gerücht um, der Bär habe eine Todesliste. Alle fragen sich, wer denn nun darauf steht. Als Erster nimmt der Hirsch allen Mut zusammen, geht zum Bären und fragt ihn: »Sag mal, Bär, steh ich auch auf deiner Liste?«

»Ja«, sagt der Bär, »auch dein Name steht auf der Liste.«

Voller Angst dreht sich der Hirsch um und geht. Und wirklich, nach zwei Tagen wird der Hirsch tot aufgefunden. Die Angst bei den Waldbewohnern steigt immer mehr, und die Gerüchteküche um die Frage, wer denn noch auf der Liste stehe, brodelt. Der Keiler ist der Erste, dem der Geduldsfaden reißt und der den Bären aufsucht, um ihn zu fragen, ob er auch auf der Liste stehen würde.

»Ja«, antwortet der Bär, »auch du stehst auf der Liste.«

Verängstigt verabschiedet sich der Keiler vom Bären. Und auch ihn findet man nach zwei Tagen tot auf. Nun bricht die Panik bei den Waldbewohnern aus. Nur der Hase traut sich noch, den Bären aufzusuchen. »Bär, stehe ich auch auf der Liste?« – »Ja, auch du stehst auf der Liste.« – »Kannst du mich da streichen?« – »Ja, klar«, antwortet der Bär, »kein Problem!«

Weg mit den »Energieräubern«!

Welche Bilder entstehen in Ihrem Gehirn, wenn Sie die folgenden Sätze lesen? Welche Empfindungen lösen sie in Ihnen aus?

»Ich hänge so an meinem Sohn.«

»Von dieser Sache habe ich die Nase voll.«

»Diese Idee ist an den Haaren herbeigezogen.«

»Dafür würde ich mir ein Bein ausreißen.«

»Um diese Liebe werde ich kämpfen.«

»Herr XY hat einen bombensicheren Plan.«

»Diese Angelegenheit kann ins Augen gehen.«

»Jetzt platzt mir gleich der Kragen!«

Viele dieser Formulierungen werden Ihnen wahrscheinlich sehr bekannt vorkommen. Wenn Sie die Worte auf sich wirken lassen, werden sie vermutlich eher unangenehme als gute Gefühle in Ihnen auslösen. Und diese Liste ließe sich beliebig lange fortsetzen. Im Wirtschaftsleben finden sich zahlreiche Ausdrücke, die aus der Militärsprache stammen: »Die Konkurrenz eliminieren«, »um einen Auftrag kämpfen«, »ein Projekt in Angriff nehmen« und so weiter. Andere Begriffe bezeichnen subjektive Befindlichkeiten, die drastische Bilder erzeugen. Wie geht es Ihnen, wenn Ihnen »etwas auf die Nieren schlägt«, »etwas zum Hals heraushängt« oder Sie sich »den Kopf zerbrechen«?

Worte haben Kraft. Und diese Kraft erkennt man an ihrer Wirkung. Physikalisch betrachtet ist Kraft die Fähigkeit, einen Körper zu formen oder zu verformen. In der Rechtssprache bedeutet Kraft »Gültigkeit«, »etwas wird rechtskräftig«, »ein Gesetz tritt in Kraft«, jemand tut etwas »kraft seines Amtes«. Auch in der menschlichen Psyche wirken unsichtbare Kräfte, die Auswirkungen auf die Befindlichkeit und auf die Gesundheit haben. Meinen Sie, dass es Ihrem Magen und Ihrer Verdauung förderlich ist, wenn Sie häufig – laut oder im Selbstgespräch – sagen, dass Sie »sauer« sind? Wenn Sie glauben, ständig »gegen etwas ankämpfen« oder »dagegen tun« zu müssen, entsteht Stress in Ihrem Körper. Deshalb ist es lohnend, sich dafür zu sensibilisieren, was man wie ausdrückt.

»Die gegenwärtige Situation eines Menschen ist das genaue Spiegelbild seiner Glaubenssätze.«

Anthony Robbins

Statt die Mitarbeiterin/den Mitarbeiter zu mahnen, sie/er soll doch dafür »sorgen«, dass genug Kaffee da ist, ersuchen Sie sie/ihn, darauf zu »achten«. Statt an Ihrem »Sohn zu hängen« (was für ihn sehr wahrscheinlich wenig angenehm ist), sagen Sie, dass Sie »ihn lieben«. Statt zu klagen, dass Sie »die Nase voll von etwas haben«, erklären Sie, dass »die Sache vorbei ist und Sie sich neuen, interessanten Aufgaben widmen wollen«. Statt »um eine Liebe zu kämpfen«, setzen Sie Ihren »Charme und Ihre Pluspunkte ein, um sich für die Partnerin/den Partner wieder anziehend zu machen«, und so weiter.

Ein sehr gerne verwendetes Wort ist das Wort »Problem«. Wenn Sie ein Problem erkennen oder wahrhaben, entsteht in Ihrem Körper automatisch ein Gefühl der »Alarmbereitschaft«. Probleme fordern zwingend die strategische Planung einer Lösung.

Dieser Umstand ist belastend, mit Stress verbunden, und dadurch werden Stressbotenstoffe freigesetzt. Ersetzen Sie daher das Wort »Problem« durch andere Ausdrucksweisen, wie zum Beispiel: Herausforderung, Aufgabenstellung, Chance, Möglichkeit, Ziel, Option, Lösung oder Änliches.

Vermeiden Sie dabei destruktive Äußerungen, die eine Auswirkung auf Ihre seelische oder körperliche Befindlichkeit haben. Zwar könnte man mit einiger Phantasie auch hier positive Formulierungen finden, diese ganz wegzulassen ist einfacher und spart Ihre Energie für sinnvollere Aufgaben.

Killerphrasen – der verbale »Kick-out«

»Haben Sie keine anderen Probleme?«

»Warum regen Sie sich immer so auf?«

»Das können Sie ja gar nicht wissen!«

Haben Sie bei solchen Äußerungen eines Gesprächspartners auch schon einmal nach Luft gerungen? Früher oder später begegnen wir – beruflich und/oder privat – solchen oder ähnlichen verbalen Angriffen, den so genannten »Killerphrasen«. Killerphrasen sind Ausdruck der Abwehr und Ablehnung. Sie zielen auf die emotionale Ebene, auf die Person und nicht auf die Sache. Deshalb sind sie mit sachlichen Argumenten häufig nicht zu entkräften. Sie werden von Menschen bewusst oder unbewusst dazu benutzt, um die Kommunikation mit dem Gesprächspartner abrupt zu beenden oder auch um die Situation eskalieren zu lassen. Zumindest versucht der »Angreifer«, den anderen zu verunsichern, einzuschüchtern oder überhaupt zum Schweigen zu bringen.

Wie wirken Killerphrasen?

Aussagen wie »Das ist doch alles Unsinn« oder »Das geht sowieso nicht« wirken zerstörerisch auf jedes noch so gut durchdachte Konzept und können beim Gesprächspartner einen Kurzschluss auslösen, der vorübergehend die gesamte Argumentesammlung vom geistigen Bildschirm löscht.

Eine Killerphrase löst beim »Angegriffenen« eine Stressreaktion aus. Die Reizleitung im Denkzentrum wird blockiert, es kommt zu einer so genannten Musterunterbrechung. Ein solches Erlebnis innerer Leere tritt vor allem dann auf, wenn man sich innerlich fest auf einen bestimmten Ablauf der Ereignisse eingestellt hat und es dann unerwartet zu einer gravierenden Abweichung kommt.

Dieses Blackout-Phänomen kannten bereits unsere Vorfahren, gehörte es doch zu den elementarsten Überlebensprogrammen, die einen Sieg über Mensch und Tier erst ermöglichten. War Gefahr im Verzug, gab es je nach Kräfteverhältnis von Angreifer und Angegriffenem die Wahl zwischen zwei Varianten: Angriff oder Flucht. Musste man flüchten, so sorgte das interne Stressprogramm für eine intensive Durchblutung der Beinmuskulatur bei gleichzeitiger Gefäßverengung im Oberkörper – noch heute werden Menschen blass vor Angst. Griff man hingegen an, wurde besonders viel Blut in die Arm- und Nackenmuskulatur gepumpt, um ein besseres Zuschlagen zu ermöglichen. Wütenden Menschen steigt auch heute noch die Zornesröte ins Gesicht.

Weitere Folgen der Stressreaktion können eine Einengung des Wahrnehmungsfeldes, ein reduziertes Schmerzerleben und eine stark herabgesetzte Denkleistung sein, da die Ausschüttung des Stresshormons Adrenalin weite Teile des Großhirns außer Kraft setzt.

Killerphrasen setzen – ähnlich wie beim legendären Mammut – zuverlässig die alten Instinktreaktionen in Gang (das Reptiliengehirn wird aktiv). Sei es nun das Flucht- oder Angriffspotenzial, sei es die Herabsetzung der Denkleistung. Dem Angegriffenen mangelt es in diesem Augenblick an Schlagfertigkeit und Ideen, um effektiv kontern zu können – das klassische »Blackout-Syndrom« tritt ein.

Der Umgang mit Killerphrasen

Nicht berechenbar an Killerphrasen ist, dass Sie vorher meist nicht wissen, dass Sie mit einer konfrontiert werden. Ausnahme: Sie kennen Ihre Gesprächspartnerin/Ihren Gesprächspartner gut und wissen, dass sie/er »Vergnügen« an derartigen Äußerungen findet. Dann sind Sie gewappnet. In den meisten Fällen wird Sie die Attacke aber unvorbereitet treffen. Was also tun Sie, wenn Sie mit einer Killerphrase konfrontiert werden?

Sehr hilfreich ist es, ein wenig Zeit zu gewinnen. Zeit, um sich von dem Schrecken zu erholen, sich eine passende Antwort zu überlegen und dabei Ihr ursprüngliches Thema und Ihr Ziel wieder in den Fokus zu bekommen. Spontane Rückfragen sind in diesem Zusammenhang zweckmäßige Werkzeuge. Zum Beispiel: *»Was meinen Sie damit?, »Kannst du konkreter sagen, was du meinst?«, »Wodurch entsteht bei Ihnen dieser Eindruck?«, »Was verstehen Sie unter ›überflüssig‹?«* Widerstehen Sie der Versuchung, sich in Rechtfertigungen zu verstricken. Bleiben Sie ruhig, knapp und gelassen. Sie können sachlich und souverän reagieren. Etwa auf die Bemerkung *»Das haben wir schon immer so gemacht!«* antworten Sie – nach Belieben sanft oder kühl: *»Dann wäre eine neue Vorgangsweise ja einen Versuch wert.«*

Beispiele für Killerphrasen

»Lassen Sie mich mal sagen, wie das wirklich ist.«

»Ich habe den Eindruck, Sie haben sich nicht vorbereitet.«

»Ich habe den Eindruck, Sie kennen sich damit nicht aus.«

»Frauen haben damit eben Probleme.«

»Woher wollen Sie das denn wissen?«

»Die Erfahrung zeigt doch, dass ...«

»Sie werden doch Herrn XY nicht widersprechen, der sagt ...«

»Da ich jahrelang bei ... tätig war, weiß ich, dass ...«

»Das habe ich schon versucht.«

»Das funktioniert bei uns nicht.«

»Das ist bei Gott kein neuer Vorschlag.«

»Ich bin schon für Veränderungen. Aber nicht so.«

»Machen Sie es doch erst mal besser, bevor Sie kritisieren.«

»Sind Sie sich da ganz sicher?«

»Wir haben fünf Jahre lang erfolgreich zusammengearbeitet. Sie werden mir doch jetzt auch vertrauen?«

»Ich möchte ja nicht direkt sagen, dass Sie für diese Arbeit nicht geeignet sind. Aber wenn ich Sie mit unseren Männern vergleiche ...«

»Ich bin seit Jahren in dieser Branche tätig, und daher können Sie mir glauben.«

»Sie sind doch ein vernünftiger Mensch ...«

»Sie haben vielleicht Sorgen!«

»Da könnte ja jeder kommen.«

»Das funktioniert vielleicht bei anderen Unternehmen.«

»Das haben wir 1968 schon einmal versucht.«

»Wem nützt das eigentlich?«

»Haben Sie überhaupt Abitur?«

»Das haben schon fähigere Leute nicht lösen können.«

»Warum haben Sie nicht …?«

»Sie hätten besser …«

»Da sind Sie auf dem falschen Dampfer.«

»Das können Sie schwarz auf weiß nachlesen.«

»Das ist grundsätzlich richtig, aber bei uns nicht anwendbar.«

»Dazu fehlt uns die Zeit.«

»Wir haben da so unsere Grundsätze.«

»An Ihrer Stelle würde ich das auch behaupten.«

Auch einzelne Wörter wie »Unsinn«, »Schwachsinn«, »Idiot«, Bezeichnungen wie »Kram« oder »Krempel« sowie Wörter wie »Reklamation«, »Beschwerde« oder das simple Wort »Nein« können mit einem entsprechenden emotionalen Unterton wie Angriffe wirken.

Killerphrasen gekonnt parieren

Es gibt zahlreiche Möglichkeiten, auf eine Killerphrase zu reagieren. Ich stelle Ihnen zehn Strategien vor, die sich in der Praxis als sehr wirkungsvoll erwiesen haben. Angenommen, Sie sind mit folgendem Angriff konfrontiert:

»Da können Sie ja gar nicht mitreden!«

1. Die stumme Geste

Sie bleiben ruhig und notieren die Bemerkung kommentarlos auf ein vor Ihnen liegendes Blatt.

Sie verjagen mit einer Handbewegung eine imaginäre Fliege.

Kommentieren Sie die Geste nicht, sondern fahren Sie vielmehr an der Stelle fort, an der Sie unterbrochen wurden. Investieren Sie keine Energie in den Angriff und die Konfrontation. Dadurch läuft die verbale Attacke ins Leere. Sprechen Sie ruhig weiter: »Im Übrigen fand ich das Projekt XY …«

2. Die Umleitung

»Apropos mitreden! Kürzlich war ich auf einem sehr interessanten Rhetorikseminar/bei einem sehr interessanten Vortrag über …«

Wechseln Sie danach ohne weitere Begründung das Thema. Kommentieren Sie den Angriff nicht, sondern sprechen Sie über ein anderes Thema. Starten Sie auch keinen Gegenangriff.

3. Zweisilbiger Kommentar

»Aha.«
»Ach so.«
»Soso.«
»Oje!«
»So was!«

Diese energiesparende Minimalantwort eignet sich für Menschen, die schnell sprachlos sind, oder für jene, welche keine weiteren Kommunikationsperspektiven finden. Sagen Sie nicht mehr als diese beiden Silben und machen Sie dann einen Punkt.

4. Das unpassende Sprichwort

»Wer anderen eine Grube gräbt, ist ein Bauarbeiter.«

Das Sprichwort soll als Antwort nicht zur verbalen Attacke passen, es soll verwirren, jedoch nicht provozieren. Danach fahren Sie in Ihren Ausführungen fort.

5. Die intelligente Gegenfrage

»Was meinen Sie mit ›nicht mitreden können‹? Können Sie mir dies bitte verifiziren?«

Wiederholen Sie das verletzende Wort. Fragen Sie, was damit gemeint war. Damit halten Sie die verletztenden Worte auf Distanz und geben Ihrem Gegenüber die Chance auf eine sachliche Argumentation.

6. Zustimmung mit Beharrlichkeit

»Ich an Ihrer Stelle wäre auch skeptisch. Es geht jedoch darum, dass ... (kommen Sie auf Ihr ursprüngliches Anliegen zurück).«

Signalisieren Sie dem Gegenüber dadurch Ihr Verständnis für seine Sichtweise, beharren Sie aber dennoch auf Ihrem Grundsatz. Dieses Verhalten erweist sich als günstig, wenn Sie wichtige Gespräche oder Verhandlungen führen.

7. *Die sachliche Feststellung*

»Sie sind jetzt verärgert«, oder:
»Mein Vorschlag gefällt Ihnen nicht.«

Bleiben Sie dabei ganz ruhig und spiegeln Sie den Zustand des Angreifers kurz und nüchtern zurück. Danach fahren Sie mit Ihrer Präsentation oder Ihrer Rede fort.

8. *Die Konfrontation*

»Ihre Aussage hat mich jetzt verletzt. Dafür wünsche ich eine Entschuldigung!«
»Mit diesen Worten haben Sie mich beleidigt, bitte entschuldigen Sie sich dafür!«

Ziehen Sie eine klare Grenze. Fordern Sie eine Entschuldigung.

9. *Klartext sprechen*

»Mit einer solchen Bemerkung schaffen Sie eine unnötige Konfliktsituation.«

Steigen Sie aus dem Gespräch aus, wiederholen Sie die beleidigende Bemerkung und benennen Sie sachlich und in wenigen Worten, welche Folgen die Aussage hat.

10. Spielregeln klären

»Lassen Sie uns auf dieser Ebene nicht weiterreden, ich schlage vor, dass …«
»Ich möchte mit Ihnen gerne über … sprechen, ohne Sie persönlich anzugreifen.«

Unterbrechen Sie den beleidigenden Sprachgebrauch und vereinbaren Sie Regeln. Das ist dann von Bedeutung, wenn Sie langfristig mit jemandem auskommen wollen.

Für einige der Reaktionsstrategien brauchen Sie sicher ein wenig Übung, andere eignen sich auch für Unroutinierte (zum Beispiel 1, 3, 5, 11). Hier noch ein paar Antworten, welche für beinahe jede Situation Anwendung finden können:

»Das sehe ich anders.«

»Ich teile Ihre Meinung nicht!«

»Ich kann nicht nachvollziehen, wie Sie darauf kommen.«

»Danke für Ihren Beitrag. Wir waren bei …«

»Danke für Ihren Hinweis. Um fortzufahren …«

»Was meinen Sie damit?«

»Wiederholen Sie bitte Ihre Aussage.«

»Könnten Sie das konkretisieren?«

»Wie darf ich das verstehen?«

»Ich denke, ich habe nicht recht verstanden ...«

»Ich hoffe, ich habe Sie missverstanden ...«

»Ich möchte gerne sachlich bleiben.«

»Bitte konkretisieren Sie Ihre Aussage.«

»Lassen Sie uns doch konstruktiv bleiben/wieder konstruktiv werden.«

»Ich sehe das anders.«

»Das ist Ihre Sichtweise.«

Die Kunst des Umdeutens

Sicher kennen Sie den Unterschied zwischen einem Pessimisten und einem Optimisten, die beide vor einem 0,5-Liter-Glas Bier sitzen, das genau ein Viertel Liter Bier enthält. Für den Optimisten ist das Glas halb voll, für den Pessimisten ist das Glas halb leer. Ist das nun nur ein Wortspiel, oder steckt mehr dahinter? Was kann man daraus lernen?

Schon der griechische Philosoph Epiktet, der im ersten Jahrhundert vor Christus lebte, brachte diese Frage auf den Punkt: »Nicht die Dinge selbst beunruhigen uns, sondern die Meinungen, die wir über die Dinge haben.« Mehr als eineinhalb Jahrtausende später formulierte Shakespeare: »An sich ist kein Ding weder gut noch schlecht, das Denken macht es erst dazu.« Tatsachen, die wir nicht verändern können, gewinnen ihre Bedeutung aus unserer Sichtweise auf diese.

In den psychologischen Schulen der systemischen Therapie und des neurolinguistischen Programmierens macht man sich diesen Gedanken zunutze, um Menschen zu helfen, bewusst Sichtweisen zu verändern. Und eine neue Sichtweise kann ein »Problem« in einem ganz anderen Licht erscheinen lassen, kann die Angst und den »Respekt« vor einer Schwierigkeit reduzieren und damit neue Handlungsmöglichkeiten eröffnen. Die Medaille bleibt die gleiche, egal, ob ich ihre Unterseite oder ihre Oberseite betrachte.

Das Glas hat einen Inhalt von einem Viertel Liter Bier. Ob ich mich darüber freue, dass ich noch Nachschub für meine durstige Kehle habe, oder ob ich mich darüber ärgere, dass nur mehr so wenig vorhanden ist, ist eine Entscheidung, die ich in mir selbst treffe. Durch unser Denken, wie schon Shakespeare sagte, können wir angenehme oder unangenehme Gefühle herbeiführen oder beeinflussen. Das Entscheidende dabei ist, dass unser Denken leichter zu beeinflussen ist als »objektiv« erfahrene Sachverhalte.

Die zwei Seiten einer Medaille

Schon der Volksmund spricht davon, dass »jedes Ding zwei Seiten« hat und in »jedem Schlechten auch etwas Gutes« und in »jedem Guten auch etwas Schlechtes« steckt. Wenn es gelingt, ein Problem wertzuschätzen, einer unabänderlichen Tatsache auch einen positiven Aspekt abzugewinnen, dann hat das befreiende, oftmals auch therapeutische Auswirkungen. Vielfach hilft gerade eine andere Sichtweise aus einer Problemfixierung/einer »Problemtrance« heraus und erleichtert den Umgang mit Situationen, die man zumindest im Augenblick nicht verändern kann. Wer sich nicht krampfhaft in eine scheinbar »unlösbare« Aufgabe vertieft, erfährt neue Sichtweisen und wird mit Schwierigkeiten besser umgehen lernen. Wer sich zu sehr verinnerlicht, bei der nächsten Rede oder der nächsten Kundenpräsentation nicht zu transpirieren und schnelles Herzklopfen zu bekommen, reflektiert negative Schwingungen auf sich selbst.

Wer sich davon freihalten beziehungsweise Energien steuern kann, ist in der Lage, nahezu alle seine energetischen Ressourcen zur Errichung seiner Ziele zu mobilisieren.

Im neurolinguistischen Programmieren wird die Technik des Umdeutens als »Reframing«, also als Wechsel des Betrachtungsrahmens, bezeichnet. Stelle ich eine Tatsache in einen anderen Rahmen beziehungsweise in einen anderen Kontext, dann verändere ich damit auch die emotionale und persönliche Bedeutung. Im Folgenden stelle ich Ihnen einige Möglichkeiten vor, Sichtweisen bewusst zu verändern und damit Bewegung in eingefahrene Denk-/ Verhaltensmuster zu bringen.

Verschiedene Perspektiven

Sprachlich ist es hilfreich, negative Formulierungen umzudeuten und in einer optionsorientierten Sprache zu formulieren: Aus einer Kritik wird dann ein Verbesserungsvorschlag, aus einem Fehler eine Entwicklungsmöglichkeit, aus einem Hindernis ein neuer Weg zum Ziel. Das sind nicht nur Wortspiele – diese wirken sich auch nachweisbar auf unser psychisches und physisches Befinden aus: Denn Kräfte werden frei, wo es Handlungsmöglichkeiten gibt, Kräfte werden blockiert, wo nur negative Bedingungen sind. Negativformulierungen können somit – in hoher Dosis verabreicht – den Menschen belasten, die Gesundheit und Lebensfreude beeinträchtigen, sogar gefährden.

Vielfach ist es »objektiv« nicht möglich zu bewerten, ob eine Maßnahme/eine Tatsache gut oder schlecht sei. Dies ist nur aus Sicht des subjektiv Betroffenen möglich. Politiker und Fachleute aus der Wirtschaft sind gut beraten, wenn sie mehrere Sichtweisen zulassen und dabei übergeordnete Werte in ihren Entscheidungen mit einbeziehen. In einem Unternehmen gehen sich vielfach die »Veränderer« und die »Bewahrer« gegenseitig auf die Nerven. Aus der übergeordneten Sichtweise – was das langfristige wirtschaftliche Überleben des Unternehmens betrifft – sind aber beide Sichtweisen nützlich. Der Veränderer sorgt für eine Anpassung des Unternehmens, seiner Produkte und Arbeitsweisen an die Entwicklung des Marktes und der Gesellschaft. Der Bewahrer hilft mit, Erreichtes zu schützen, Traditionen zu ehren und Wertvolles nicht einfach über Bord zu werfen. Eine weitblickende kluge Unternehmensspitze wird idealerweise Wertschätzung für beide Positionen entwickeln und schließlich Entscheidungen in die eine oder andere Richtung aus der Perspektive der Gesamtziele heraus treffen.

Verändern der persönlichen Bedeutung

Ist der Sommer verregnet, bleiben in Österreich die Urlauber aus. Üppiger Sommerregen sichert jedoch auch eine gute Weinernte. Da ich weder Hotelbetreiber noch Weinbauer bin, fällt es mir leicht, beide Sichtweisen wertzuschätzen – und entspannter mit dem stets wiederkehrenden Klagelied meines Schulfreundes, der zufällig in Kitzbühel eine Herberge betreibt, umzugehen. Für das Land im Gesamten gesehen bringt der Regen nicht nur Nachteile, sondern auch Vorteile. Daher sollten Meteorologen auch nicht zum Schadensersatz für vermeintlich unpassendes Wetter herangezogen werden …

Interessanter für den Einzelnen, der weder Weinbauer noch Herbergsbetreiber ist, wird die Wetterfrage, wenn er einen Wochendausflug mit seiner Familie geplant hat und sich schon aufs Wandern auf seinem »Hausberg« freut. Beginnt es Freitagabend heftig zu regnen und gesellt sich dann Samstag früh noch ein scharfer Wind dazu, ist Ärger vorprogrammiert. Eine andere, positive Sichtweise der – unbeeinflussbaren – Tatsache, dass das Wetter nasskalt ist, ließe sich nur gewinnen, wenn der Regen auch für mich selbst positive Aspekte aufzeigt. Wenn der Wandersmann einen Gemüsegarten und eine Reihe von Obstbäumen besitzt, das Wetter in den letzten fünf Wochen außergewöhnlich heiß war und das Bewässern des Gartens mühsam und teuer ist, dann bringt ein Regen auch Vorteile. Man kann dem Wandersmann als »Trostwort« anbieten: »Schauen Sie, ist ja nicht so schlecht, bekommt die Natur wieder etwas Regen ...« Und dieser »Trost« ist dann ein guter, wenn das Dasein als Hobbygärtner für den Betroffenen einen hohen Wert darstellt. Anders gesagt: Die neue Sichtweise »Regen ist gut für die Natur« ist nur dann eine hilfreiche, wenn der Wert eines blühenden Gartens subjektiv höher als der Wert einer Wochenenendwanderung ist.

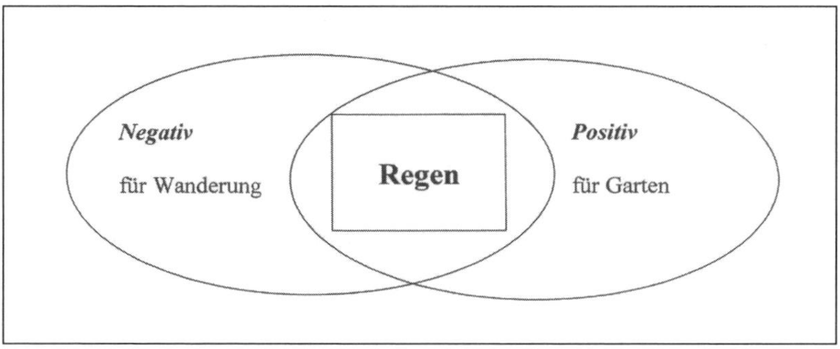

Einer Person positive Sichtweisen vermitteln zu können, ist nur auf der Basis möglich, wenn ich das Wertesystem meines Gesprächspartners erkenne. Daher gibt es auch keine »richtige« neue Sichtweise. Die Sichtweise, die dem Wertesystem des Betroffenen entspricht und wo die unveränderte Tatsache in diesem Wertesystem stimmig ist, ist als die »Richtige«anzusehen.

Je nachdem, welche Bedeutung ich einem Verhalten/einer Tatsache zuschreibe, verändert sich die emotionale, persönliche Bewertung. Die gleichen Dinge sehen aus einem anderen Blickwinkel betrachtet gleich ganz anders aus. Und diesen Blickwinkel kann man individuell oder durch fremde Hilfe verändern.

Ein Beispiel aus dem Berufsalltag

Der Chef erscheint schlecht gelaunt im Büro, grüßt nicht, blickt mit finsterer Miene und würdigt keinen Mitarbeiter eines Blickes. Eine sensible Sekretärin kann nun denken: Chef ist unfreundlich, das bedeutet, dass er auf mich nicht gut zu sprechen ist, weil ich etwas falsch gemacht habe. Die eigene Gewissenserforschung beginnt, und gleichgültig, wie sie ausgeht, der Effekt ist, dass die Dame sich schlecht fühlen wird. Eine andere Deutung des Verhaltens des Chefs wäre aber: Es geht ihm offensichtlich nicht gut, er hat privaten Stress, oder er hat selbst gerade Ärger mit seinem Boss gehabt. Die Kette sieht dann so aus: Chef ist unfreundlich, das bedeutet, es geht ihm schlecht. Jetzt ist er besonders auf meine Hilfe angewiesen; tolle Gelegenheit, ihm zu zeigen, wie unersetzlich ich bin! Bei solchen Gedanken geht es der Sekretärin emotional wieder gut. Um eine Situation so interpretieren zu können, braucht es eine große Portion Selbstvertrauen und Selbstbewusstsein.

Für alle »Trostspender«, die sich dieser Reframingmethode bedienen wollen, ist es ratsam, auf die nonverbalen Signale der Empfänger zu achten. Bei einem physisch offenbar negativ ausgesandten Signal des Empfängers auf eine angebotene Hilfeleistung ist von einer beharrlichen Wiederholung Abstand zun nehmen.

Wenn eine Kundin/ein Kunde ihrer Friseuse/ihrem Friseur ihr Leid darüber klagt, dass sie/er ihren/seinen Job verloren hat, kann eine neue Sichtweise »Na, mach dir nichts draus, dann hast du mehr Zeit für deine Kinder und deinen Mann!« hilfreich sein, wenn ausreichend finanzielle Mittel vorhanden sind, die Kinder wohlgeraten und die Ehe intakt ist.

Für jemanden, der Kreditraten zu begleichen hat oder eine Ehekrise durchlebt, ist dieses neue Bedeutungsangebot ein Affront. Mit Beharrlichkeit – »Na denk doch mal nach, das ist doch so!« – versucht der »Tröster« dem Getrösteten sein eigenes Wertesystem überzustülpen – und das geht selten gut …

Schwächen zu Stärken machen

Eine andere Art, Sichtweisen zu verändern, besteht darin, sich zu fragen, ob ein Problem/ein persönliches Defizit/eine Schwäche in einem anderen Zusammenhang nicht sogar zu einer Stärke umgewandelt werden kann.

Sehen wir uns ein Beispiel an:

Ein Mann klagt: »Ich nehme immer alles zu genau und mache mir damit das Leben selbst schwer. Ich beneide alle, die so oberflächlich durchs Leben gehen, statt, wie ich, über alles lange und gründlich nachzudenken.«

Nun kann es durchaus sein, dass das »Problem« des Zu-genau-Seins im Umgang mit der Familie oder im Freundeskreis gelegentlich Schwierigkeiten macht, in seinem Beruf als Buchhalter ist das eine durchaus erwünschte Fähigkeit. Vermeintliche persönliche »Defizite« können sich in einem anderen Kontext als wertvolle Ressourcen herausstellen. Immer dann, wenn der Mensch in seiner Sichtweise eingeschränkt ist, »Scheuklappen« trägt und nur einen Blickwinkel auf eine bestimmte Sache oder ein Verhalten hat und bestimmte Eigenschaften als Fehler erlebt, kann eine Erweiterung der eigenen Sichtweise helfen, Zusammenhänge neu zu interpretieren.

Sprachlich kann man diese Form der Sichtweisenveränderung in folgendes Format bringen: Ich bin zu x! Und die – hoffentlich befreiende – Frage dazu ist: In welchem Zusammenhang ist X eine Ressource/eine wertvolle Fähigkeit? Für diesen neuen Kontext gilt das Gleiche wie beim Verändern der Bedeutung. Der Kontext muss für den Betroffenen ein wichtiger sein, er muss in seinem persönlichen Wertesystem eine hohe Einstufung genießen. Wenn man mir als Übergewichtigem auf meine Klage »Ich bin zu dick!« die Kontextveränderung anbietet, dass Dicksein beim polynesischen Xibarxustamm eine wesentliche Qualifikation für die Erlangung des Häuptlingamts ist, wird der wohlgemeinte Trostversuch ins Leere gehen.

»Mein Erleben ist das, worauf ich mich entschieden habe, mein Augenmerk zu legen.« William James

In einem Seminar erlebte ich eine sehr ermutigende Sichtweisenveränderung nach einer entsprechenden Klage. Ein männlicher, unverheirateter Teilnehmer beschwerte sich folgendermaßen: »Meine Glatze wird immer größer, ich verliere zu viele Haare!« Das war für ihn ein Problem, weil er sich dadurch älter vorkam, als er war. Die Übungsteilnehmer/-innen fanden dann für ihn einen anderen Zusammenhang/eine andere Sichtweise: »Eine umfassende Befragung der Bevölkerung hat ergeben, dass glatzköpfige Männer von vielen Frauen als erotisch und attraktiv beschrieben wurden!« Das wirkte ...

Die Situation ist mein Coach

Waren beide oben beschriebenen Veränderungen der Sichtweise eher im persönlichen, psychologischen Feld angesiedelt, so gibt es bei vielen »Problemen« auch ganz praktische Sachaspekte, die es wert sind, beachtet zu werden, und die zu einer positiveren Betrachtungsweise führen können. Vorteilhaft ist, zu Beginn zu hinterfragen, welcher Nutzen aus einer Veränderung hervorgeht, welche Chance in einem Problem liegt oder welche weiteren Ergebnisse man aus einer Schadensbewältigung erwarten kann. Solche positiven, konstruktiven Sichtweisen ermöglichen einen differenzierten Umgang mit den Herausforderungen des Lebens oder der Wirtschaft.

Beispiel

Vor nicht allzu langer Zeit konnte ich einen beeindruckenden themenbezogenen Sachverhalt erfahren:

In einem burgenländischen Seminarhotel lud der Hotelier abends zu einer Schnapsverkostung. Er offerierte mit besonderem Stolz einen Apfelbrand, der nach Meinung von »Schnapsexperten« jeden französischen Calvados in den Schatten stelle. Obwohl ich weder eine besondere Schnapskennerin noch -liebhaberin bin, fand ich diesen Tropfen hervorragend. Auf die Frage eines anderen Teilnehmers der Verkostung, wie er denn im tiefsten Burgenland auf die Idee gekommen wäre, dem Calvados Konkurrenz zu machen, erklärte der Schnapsbrenner, dass er im Areal seines Hotels weitläufige Apfelplantagen besäße. Die daraus geernteten, biologisch gewachsenen Äpfel werden jedes Jahr an eine bedeutende Handelskette geliefert, die dafür einen marktgerechten Preis bezahlen. Vor etwa zehn Jahren wurde jedoch eine Ernte der Apfelplantage durch einen Hagel großflächig beeinträchtigt. Fast alle Äpfel hatten Dellen oder Flecken, sodass der bisherige Abnehmer sich »großzügig« bereit erklärte, die optisch nicht mehr einwandfreien Äpfel zu einem Zehntel des üblichen Preises abzukaufen. Das wurde dann von der Familie des Apfelproduzenten als persönliche Beleidigung gewertet, und man kam auf die Idee, daraus einfach einen Schnaps zu brennen. Durch intensive Arbeit und einige glückliche Zufälle geriet dieser Schnaps so hervorragend, dass sich der bisherige Apfellieferant entschloss, auf das Schnapsbrennen umzusteigen. Er wurde damit wirtschaftlich und persönlich höchst erfolgreich.

Die Moral aus der Geschichte: Wenn ich nicht im Negativen steckenbleibe, sondern das Beste aus einer Situation mache, kann das sogar dazu führen, dass es mir nach der Krise besser geht als vorher. Das Problem war in diesem Fall der Wegbereiter für den Aufschwung. Die konstruktive Art, an eine Schwierigkeit heranzugehen, sie nicht als Untergangssignal, sondern als kreative Herausforderung zu betrachten, ebnete den Weg zum Erfolg.

Die praktischen, sachlichen Möglichkeiten, durch eine andere Sichtweise mit Schwierigkeiten effizienter umzugehen, sind zahlreich. Lasse ich mich nicht durch ein unerwartet auftauchendes Problem paralysieren, lasse ich mich durch ein Hindernis nicht unterkriegen, so finde ich – bei gutem Willen – auch in scheinbar »aussichtslosen« Situationen neue Wege und Chancen. Vielleicht erinnern Sie sich an den Weinskandal, den so genannten Glykolskandal, der die österreichische Weinwirtschaft vor einigen Jahren an den Rand des Abgrunds brachte. Viele Spitzenwinzer sagen heute, dass erst dieser Weinskandal den Anstoß zu einem neuen Qualitätsbewusstsein gegeben habe, dass erst diese Krise zu einem echten Aufschwung der österreichischen Qualitätsweinproduktion geführt habe.

Wenn Sie sich mit einer Krisensituation konfrontiert sehen, können die folgenden Fragen dazu beitragen, neue Sichtweisen zu entwickeln und dadurch konstruktiver mit Schwierigkeiten umzugehen.

- Was kann ich daraus lernen?
- Welche positiven Aspekte gibt es dabei?
- Was wird durch dieses Problem deutlich/klarer sichtbar?
- Welche Chancen bietet mir die neue Situation?
- Welche Entwicklung beschleunigt die Krise? Was wollte ich schon immer tun? – Jetzt packe ich es endlich an.
- Welche Argumentation unterstützt das?
- Wofür kann sich diese Schwierigkeit als nützlich erweisen?

- Was ist das Gute im Schlechten?
- Wovor hat mich das Problem möglicherweise sogar bewahrt?
- Welchen neuen Herausforderungen stehe ich jetzt gegenüber?

Nicht in jeder Causa können sofort selig machende Patentantworten angeboten werden. Schon der Blick auf die andere Seite der Medaille ist eine konstruktivere Methode, als mitleidsuchend sein Leid zu klagen. Durch tatkräftiges Eingreifen entstehen neue Optionen, und Energie zur Gestaltung der eigenen Situation wird frei.

»Gott gebe mir die Gelassenheit, Dinge hinzunehmen, die ich nicht ändern kann, den Mut, Dinge zu ändern, die ich ändern kann, und die Weisheit, das eine vom anderen zu unterscheiden.«

Friedrich Christoph Oetinger

Wenn beispielsweise die Ölpreise aufgrund undurchschaubarer Spekulationen ins Unermessliche steigen, kann man die x-te Ölkrise herbeiprognostizieren oder die Ärmel hochkrempeln und die neuen Rentabilitätschancen für alternative Energien erkennen. Das Positive an erhöhten Erdölpreisen ist, dass Biosprit, Windkraft, Sonnenenergie, aber auch bessere Wärmedämmungen mehr Aufmerksamkeit erfahren. Wäre Benzin so günstig wie Anfang der 70er-Jahre, wäre die Automobilindustrie nicht unter Zugzwang geraten, verstärkt zu forschen und in alternative Antriebsmöglichkeiten zu investieren.

Auch im persönlichen Bereich können sich aus Schwierigkeiten Vorteile ergeben. Die Grippe, die nach einer Immunschwäche aufgrund stetiger, gegebenenfalls starker psychischer Belastungen viele Menschen ereilt, ist unangenehm, aber sie zwingt einen gestressten Menschen ins Bett und verschafft ihm dadurch eine Pause. Die Lethargie, die einen immer am Montagmorgen auf dem Weg zur Arbeit beschleicht, ist vielleicht ein Zeichen des Körpers, dass dieser Arbeitsplatz nicht optimal ist und dass es Zeit ist, auf die Suche nach einer neuen Herausforderung zu gehen.

Gerade die psychosomatische Medizin zeigt immer wieder, dass körperliche Symptome ein Signal sind, über seinen Lebensstil und seine seelische Zufriedenheit/Ausgeglichenheit nachzudenken. Manche Therapeuten sprechen auch vom »Nutzen« eines Symptoms – und erst wenn dieser Nutzen entdeckt und wertgeschätzt wird, kann das Symptom einer Beschwerde aufgelöst werden.

Umdeuten ist kein Betäubungsmittel

Die bewusste Veränderung von Sichtweisen ist eine Methode, aus geistigen Sackgassen herauszukommen, wenn sich Schwierigkeiten nicht auf eine andere Art lösen lassen. Die Gefahr dieses Konzepts liegt darin, mit diesen Denkstrategien auch objektiv lösbare Probleme wegzuwischen. Ein flächenmäßig kleines Land wird vermutlich die Energiepreise nicht beeinflussen können, und das Wetter entzieht sich ohnehin der Manipulierbarkeit.

Für derartige Angelegenheiten empfehlen sich Strategien mit einem entspannten und kreativen Umgang. Wo jedoch eine Schwierigkeit erkannt und zur Auflösung gebracht werden kann, soll man sich nicht mit Bedeutungsverschiebungen zufrieden geben.

Während eines Seminars habe ich Folgendes erlebt: Der Seminarort, ein Wiener Stadthotel, war denkbar ungeeignet: finster, überheizt und dem Straßenlärm ausgesetzt. Eine Teilnehmerin sprach in einer Pause den Veranstalter des Seminars darauf an und fragte, warum denn kein anderer Ort gewählt wurde. Die Antwort war ein Beispiel dafür, wie die Methode möglichst nicht angewendet werden sollte: »Weißt du, hier übst du gleich, dich unter schwierigen Bedingungen zu konzentrieren und zu lernen, obwohl das Umfeld nicht optimal ist!« Die irritierte Reaktion der Teilnehmerin war mehr als verständlich, denn wo Umstände veränderbar sind, ist die Methode der Sichtweisenveränderung nur ein Betäubungsmittel, kein Therapeutikum. Daher ist dies unzulässig.

Zusammenfassung

- Worte haben Kraft. Und diese Kraft erkennt man an ihrer Wirkung. Physikalisch betrachtet ist Kraft die Fähigkeit, einen Körper zu formen oder zu verformen. In der Rechtssprache bedeutet Kraft »Gültigkeit«, »etwas wird rechtskräftig«, jemand tut etwas »kraft seines Amtes«. Auch in der menschlichen Psyche wirken unsichtbare Kräfte, welche Auswirkungen auf die Sprache, auf die Befindlichkeit und auf die Gesundheit haben.

- Die Anwendung positiver, kraftvoller Sprache wirkt überzeugend, führt de facto zu vermehrter Selbstachtung, erzeugt Vertrauen und signalisiert Kompetenz. Wie wir sprechen, erzeugt eine Rückkoppelung in unser Gehirn. Die Wahl unserer Worte verändert und stabilisiert unsere Denk-, Sprach- und Verhaltensmuster, da Sprache eine autosuggestive Kraft hat und systemisch auf uns zurückwirkt! Denn Kommunikation konstruiert Wirklichkeit:

  Gedanken
↓
↕ Worte ↕
↓
Wirkung

- Der Grat zwischen kraftvoller und kraftloser Sprache ist schmal, und der Weg dahin führt zunächst über Vermeidungen. Vermeiden Sie rhetorische Weichmacher, wie zum Beispiel »eventuell«,

»vielleicht«, »eigentlich«, »versuchen«, »probieren« et cetera. Solche Formulierungen vermitteln, dass Sie nicht hundertprozentig zu sich und Ihren Aussagen stehen, und rauben der Kommunikation Kraft und Energie.

- Vermeiden Sie Konjunktive wie »sollte«, »könnte« und »müsste«. Setzen Sie Höflichkeitskonjunktive nur sparsam ein.

- Vermeiden Sie Verallgemeinerungen wie »jeder«, »nie«, »immer«, »alle«, »niemand«, »jedes Mal« und so weiter, denn diese konstruieren eine Regel aufgrund einiger negativer Einzelerfahrungen. Universalquantoren postulieren eine Regelmäßigkeit, sind nicht wahr und haben eine prognostische Wirkung in die Zukunft, zum Beispiel: »Wirklich immer?«.

- Vermeiden Sie jede Art von Opfersprache! Opfersprache vermittelt die Phantasie, dass andere Menschen oder Umstände einen direkten Einfluss auf Ihr Befinden haben können. Opfersprache raubt Energie und verbaut den Blick auf viele neue Möglichkeiten. Daher: Drücken Sie sich kraftvoll aus und übernehmen Sie Selbstverantwortung!

- Trennen Sie sich von energieraubenden Formulierungen! »Zerbrechen« Sie sich nie mehr den Kopf, »hängen« Sie an nichts, und werden Sie nie wieder »sauer«! Äußerungen wie diese schaden auf die Dauer Ihrer psychischen und physischen Gesundheit.

- Formulieren Sie empfängerorientiert und signalisieren Sie, dass Sie den Nutzen des anderen, seinen Vorteil, im Fokus haben. Es ist wichtig, dass der Empfänger die Botschaft in seine Gedankenwelt übersetzen kann, mit seiner inneren »Landkarte«. Sie drücken damit eine besondere Art der Wertschätzung und Zuwendung aus, die in jeder Hinsicht bereichernd und kräftigend auf Sie zurückwirkt.

- Sprechen Sie klar und sehr konkret aus, was Sie wollen. Das gilt für Lob und überhaupt für jede Form der Rückmeldung an den anderen. Eine klare Sprache entspricht dem menschlichen Grundbedürfnis nach Sicherheit und ist besonders in Führungspositionen ein essenzielles Instrument.

- Kraftvolles Sprechen ist durchaus vereinbar mit dem Wort »bitte«, mit Wertschätzung und Achtung vor anderen Menschen. Letztere werden vor allem über die Körpersprache und den Tonfall vermittelt. »Wie man in den Wald hineinruft, so hallt es zurück!«

- Begnügen Sie sich nicht mit einem »Ja« oder »Nein«, sondern stellen Sie offene Fragen, die die Kreativität des Denkens anderer Menschen anregen, Optionen eröffnen und Ihnen viele neue Informationen über die Situation und Ihr Gegenüber einbringen. Im Geschäftsleben kann das ein echter Wettbewerbsvorteil sein.

- Verändern Sie aktiv Ihre Sichtweise! Das trägt entscheidend dazu bei, mit Schwierigkeiten und unveränderbaren Tatsachen besser umzugehen. Es eröffnet neue Möglichkeiten und befreit aus mentalen Sackgassen. Das gilt für persönliche, psychologische wie auch sachliche und wirtschaftliche Themen.

- In Schwierigkeiten die Herausforderungen, in Krisen die Chancen zu sehen ist eine praktische Anwendung eines konstruktiven, optionsorientierten Denkens – sowie eine gute Schule der Kreativität.

- Das Potenzial Ihrer Gedankenkraft und Ihrer kraftvollen Sprache ist wesentlich mit entscheidend über Erfolg oder Misserfolg, Gesundheit oder Krankheit, Sympathie oder Antipathie und über viele andere Faktoren, von denen abhängt, ob Sie ein glückliches oder ein unglückliches Leben führen.

Die Sprache der Gefühle

Gefühle gehören zum Leben

Wir alle haben Gefühle, und zwar in nahezu jeder Lebenssituation. Ob wir sie als solche wahrnehmen, ist eine andere Sache. Denn die meisten Menschen lernen im Laufe ihrer Sozialisation, dass das Ausdrücken von Gefühlen unwillkommen ist. Sie beginnen sehr früh, diese zu ignorieren oder zu unterdrücken. »Ein Bub weint nicht« und »Brave kleine Mädchen sind nicht zornig«, dafür aber sollen sie sich schämen, wenn sie etwas Unerwünschtes getan und die Zähne zusammenbeißen, wenn sie sich das Knie aufgeschlagen haben. Wie und ob Gefühle im Erwachsenenalter dann überhaupt wahrgenommen werden, hängt wesentlich mit diesen frühen Erfahrungen zusammen.

Gefühle prägen unsere »Landkarte« mit

Sie werden sich vielleicht die Frage stellen, wie ein Kapitel über Gefühle in dieses Buch Einzug gefunden hat! Hier die Antwort: Gefühle sind ein wesentlicher Bestandteil unserer subjektiven Realität und individuellen »Landkarte«. Die kognitiven Bewertungstheorien des 20. Jahrhunderts gehen davon aus, dass jedem Gefühl ein bestimmtes Denken vorausgeht und dass unser Denken und unsere Interpretationen von verinnerlichten oder spontanen Werturteilen gesteuert werden. Je stärker diese Einschätzung ausfällt, desto intensiver ist auch das Gefühl. Häufig geschieht diese Bewertung völlig unbewusst. Relevant dafür sind frühere Erfahrungen, die unsere Einstellung zu uns selbst und zu anderen Menschen geprägt haben und die nun ungeprüft als Maßstab angesetzt werden. Anders ausgedrückt bedeutet das: Sie fühlen, was Sie denken.

Gedanken, Gefühle und Verhaltensweisen stehen in direktem Zusammenhang und beeinflussen einander.

Betrachten wir ein alltägliches Beispiel:

Ihr Partner ruft Sie nicht zur vereinbarten Zeit an. Sie denken und bewerten: »Es ist ihm völlig gleichgültig, wie es mir geht.« Ihr Körper reagiert mit Anspannung und innerer Hitze. Sie fühlen Ärger und Enttäuschung. Als er dann mit Verspätung anruft, entlädt sich Ihre Wut am Telefon: »Wie kannst du es wagen, erst so spät anzurufen ...!«

Jeder Gedanke und jede Vorstellung hat Einfluss auf unser seelisches und körperliches Befinden. Für das Gehirn ist dabei nicht von Bedeutung, ob eine bestimmte Situation aktuell und real, vorweggenommen oder vorgestellt ist. Ob wir etwas tatsächlich erleben oder es uns nur vorstellen, der Körper reagiert darauf entsprechend.

Unsere negativ empfundene Vorstellung davon, wie etwas sein wird, hat eine Wirkung und kann uns entscheidend prägen. Gewisse Erfahrungen, wie beispielsweise Kränkungen, werden in der Vorstellung immer wieder durchlaufen und häufig noch tiefer eingegraben. Unsere Denkmuster machen uns voreingenommen und eingefahren. Hat ein Mensch die für ihn belastende Erfahrung gemacht, abgewiesen zu werden, kann das dazu führen, dass er ständig – zumeist unbewusst – befürchtet, wieder gekränkt zu werden. Manchmal genügt dann ein kleiner Reiz, ein einziges Wort von einem anderen oder auch eine bestimmte Körperhaltung, um die alte Erfahrung wieder aufflammen zu lassen.

Beispiel

In einem Firmenseminar kam eine Teilnehmerin mit Verspätung in den Kursraum. Die Kollegin, neben der sie Platz nahm, sagte: »Ich wusste schon, dass du kommst, dich erkennt man am festen Schritt.« An der Körpersprache der Angesprochenen war deutlich zu erkennen, dass sie sich gekränkt fühlte. Etwas später äußerte sie sich dazu. Ihre Eltern hatten sie auch schon des Öfteren auf ihren starken Auftritt aufmerksam gemacht. Mit dem »festen Schritt«, der von der Kollegin völlig neutral und in keiner Weise abwertend gemeint war, assoziierte sie aufgrund der kränkenden Erfahrungen in ihrer Vergangenheit Grobschlächtigkeit und Unweiblichkeit. In diesem Moment fühlte sie sich wieder ungeliebt, nicht angenommen und enttäuscht von einem Menschen, den sie mochte. Von dieser subjektiven Bedeutung ihrer Worte konnte die Kollegin nichts ahnen. Dennoch reagierte die Frau aufgrund ihrer individuellen »Landkarte« auf die Botschaft. Da die beiden Damen miteinander befreundet waren, konnten sie sich darüber aussprechen. Auch weil der Dame mit dem »festen Schritt« die Ursache für ihre Verstimmung schon bewusst war. Viel häufiger laufen diese Prozesse unbewusst ab, und es findet kein Dialog darüber statt. Dann wird die Kollegin die verletzte Reaktion ihrer Freundin nicht verstehen, ihrerseits irritiert reagieren und sich möglicherweise abwenden. Die Betroffene fühlt sich in ihren Gedanken, maskulin, zu wenig weiblich, grobschlächtig zu sein, bestätigt. Und schon dreht sich die Negativspirale weiter nach unten.

Das Wahrnehmen von Emotionen in einer bestimmten Situation ist ein erster wichtiger Schritt, um die eigenen Verhaltensweisen und Reaktionen zu analysieren und besser zu begreifen. Mit dieser Methode kann es gelingen, subjektive Automatismen systematisch in ihre einzelnen Bestandteile zu zerlegen. Durch Selbstbeobachtung lassen sich neue, manchmal für die Betreffende/den Betreffenden überraschende Zusammenhänge erkennen, die vorher nicht oder nicht in dieser Deutlichkeit klar waren. Über unsere psychischen Denkprozesse Bescheid zu wissen ist eine wichtige Grundlage dafür, Veränderungen in Gang zu bringen. Wenn Sie sich beobachten, in welchen Situationen Sie sehr emotional reagieren, und immer wieder üben, sich von störenden Bewertungen zu distanzieren, statt sie ungeprüft als wahr anzunehmen, werden Sie nach und nach lernen, sich von den alten Mustern abzukoppeln.

Selbstakzeptanz führt zu Fremdakzeptanz

Wer sich selbst grundsätzlich mit all seinen Verhaltens-, Denk- und Gefühlsmustern annimmt und gleichzeitig die menschliche Fähigkeit, individuell und sozial dazulernen und wachsen zu können, anerkennt und nützt, erleichtert sich auch den Umgang und die Kommunikationsbereitschaft mit anderen Menschen. Die Transaktionsanalyse des amerikanischen Psychotherapeuten Eric Berne bietet ein umfangreiches Erklärungsmodell an, das Denken, emotionales Erleben und das Verhalten in sozialen Zusammenhängen als Einheit betrachtet. Darüber hinaus bietet sie ein Persönlichkeitskonzept an, das individuelle Lebengeschichten verstehbar macht und therapeutisch darauf abzielt, Entwicklung und Veränderung der Persönlichkeit zu fördern. Die Transaktionsanalyse geht von folgendem Menschenbild aus:

1. Alle Menschen sind von Grund auf in Ordnung und gut. Die Position »Ich bin okay, du bist okay« bildet die Grundlage für die psychische Gesundheit des Menschen.

2. Jeder Mensch ist eine Ganzheit bezüglich seiner Person und seiner Gesamtlebenssituation.

3. Jeder Mensch hat ein Recht zu leben und das Recht auf die Entfaltung seines Potenzials. Jeder Mensch kommt mit kon-

struktiven Anlagen auf die Welt, fähig und aus sich selbst heraus bereit, zu wachsen und sich als Person zu verwirklichen.

4. Jeder Mensch ist einzigartig und besitzt ungeachtet seines Verhaltens einen Kern, der liebenswert ist und der seinen Beitrag zum Ganzen leistet.

5. Durch seine Bedürfnisse ist der Mensch auf Zuwendung und Unterstützung von außen angewiesen.

6. Der Mensch ist ein verletzliches Wesen, besonders in seinem sensiblen Kindheits-Ich, welches er durch innere und äußere Strukturen zu schützen sucht. Dieser Schutz geht oft auf Kosten seiner Lebendigkeit und seiner Entfaltungs- und Ausdrucksmöglichkeiten.

7. In der Transaktionsanalyse ist der Mensch nicht nur das Opfer seiner Situationen (Eltern, Umgebung, Zeitereignisse), nein, durch die Freiheit der Entscheidung und die Übernahme der Verantwortung hat er sein Leben selbst in der Hand.

8. Jeder Mensch hat die Möglichkeit, seine in Situationen von Abhängigkeit und Gefährdung getroffenen Entscheidungen durch Erinnern und Wiedererleben alter Erfahrungen im Sinne einer Neuentscheidung zu korrigieren.

9. Ziel der transaktionsanalytischen Therapie ist der autonome Mensch, der sich von den ihm aufgezwungenen Selbsteinschränkungen und Verstümmelungen befreit hat.

Das Ich-Modell

Die Transaktionsanalyse basiert darauf, dass jeder Mensch im Laufe seiner Entwicklung zum Erwachsenen typische Verhaltensweisen erlernt und diese konditioniert/gespeichert hat. Diese Verhaltensmuster werden als Ich-Zustände bezeichnet.

Nach dem so genannten Strukturmodell lässt sich analysieren, woher der Ich-Zustand stammt und wann er entwickelt wurde. Die Ich-Zustände werden durch drei Kreise dargestellt: EL, ER und K sind Abkürzungen. Eric Berne sprach auch von *psychischen Organen.*

- Wenn ein Mensch so fühlt, denkt oder handelt, wie er es von anderen Autoritätspersonen früher (Eltern) oder gegenwärtig übernommen hat, spricht Berne vom *Eltern-Ich-Zustand = EL.*

- Wenn ein Mensch so fühlt, denkt oder handelt, wie er es in der Gegenwart nach den Gesichtspunkten der Situation und der Realität *selbst* bewusst entschieden hat, wird vom *Erwachsenen-Ich-Zustand = ER* gesprochen.

- Wenn ein Mensch so fühlt, denkt oder handelt, wie er es als Kind aufgrund seiner Lebenssituation unbewusst oder bewusst *selbst* beschlossen hat zu tun, wird das als *Kind-Ich-Zustand = K* bezeichnet.

Diese Ich-Bestandteile sind in jeder Person angelegt, unterschiedlich ist nur, aus welchem Persönlichkeitsanteil man in welcher Situation heraus handelt. Ziel der Transaktionsanalyse ist es nun, sein Handeln bewusster zu steuern und nicht immer in übernommenen, unreflektierten Handlungsmustern zu agieren. Wer seine eigenen Verhaltensweisen und die seiner Kommunikationspartner verstehen lernt, kann bewusst Alternativen wählen. Grafisch lässt sich das Ich-Modell folgendermaßen darstellen:

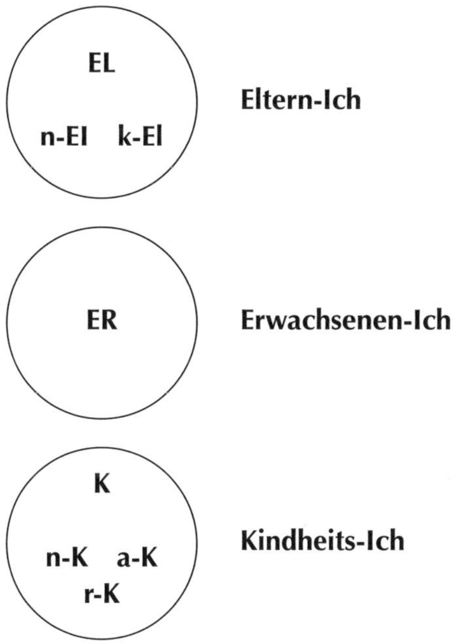

Das *Eltern-Ich* repräsentiert das typische Elternverhalten, und zwar in den Aspekten des nährenden Eltern-Ichs (n-El) und des kritischen Eltern-Ichs (k-El). Das n-El steht für alle fürsorglichen, behütenden, pflegenden Verhaltensweisen, das k-El für alle kritischen, »erzieherische« Gebote und Verbote vermittelnden Verhaltensweisen. Werte und Normen werden vom Eltern-Ich aus vermittelt. Tonfall und Gestik einer Eltern-Ich-gesteuerten Handlung sind immer etwas »von oben herab«, drücken Autorität und Verantwortung aus.

Typische Redewendungen für das Eltern-Ich:

»Da sollten Sie sich aber zusammenreißen!«

»Ich erwarte Ihren Bericht bis morgen früh, sonst passiert etwas …«

»Pass gut auf dich auf!«

»Iss nicht zu viel!«

»Fühlen Sie sich wohl bei uns nach der ersten Woche?«

Beim *Kindheits-Ich* wird zwischen n-K (natürliches Kind – unbelastet, frei, kreativ), a-K (angepasstes Kind – den Elternbotschaften folgeleistend) und r-K (rebellisches Kind – Widerstand gegen Elternbotschaften zeigend) unterschieden.

Typische Redewendungen für das Kindheits-Ich:

»Warum schon wieder ich?«

»Komm, machen wir uns einen Spaß!«

»Das verstehe ich wirklich nicht, woher soll ich das denn wissen?«

»Am liebsten würde ich jetzt alles hinwerfen und kündigen!«

»Ich will nicht!«

»Wenn der Müller heute seinen Computer einschaltet, wird der Virus erstmals zuschlagen …«

Das *Erwachsenen-Ich* ist gegenwartsbezogen, lebt in der Wirklichkeit, ist logisch und sachlich. Es übernimmt die eigenständige Lebensplanung und ist für langfristige, gut verantwortete und durchdachte Entscheidungen zuständig. Es ist der Ich-Zustand, der nicht in der Gefahr ist, in psychologische »Spiele« hineingezogen zu werden.

Typische Äußerungen des Erwachsenen-Ichs sind:

»Wie spät ist es?«

»Mein Ziel für den heutigen Tag ist das Erledigen dieser fünf Akten.«

»Bitte machen Sie mir eine Liste mit den drei besten Entscheidungsalternativen.«

»In Mallorca ist das Wetter stabiler, am Großglockner sind die Zimmer sauberer ...«

»Was ist Ihre Meinung zu diesem Problem?«

Ich-Zustände in Wort, Ton und Bild

	Worte	**Stimme**	**Gestik & Mimik**
Kritisches Eltern-Ich	schlecht, sollte, hätte, muss, immer, lächerlich, du, warum	kritisch, herablassend, verärgert	mit dem Finger deuten, Stirn runzeln, ärgerlich
Nährendes Eltern-Ich	gut, hübsch, ich mag dich, großartig	liebevoll, tröstend, besorgt	mit offenen Armen, akzeptierend, lächelnd
Erwachsenen-Ich	wo, wie, was, warum, mit wem, wer, ich	gleich bleibend, sachlich	aufrecht, nachdenklich, aufgeweckt, offen
Freies Kind-Ich	toll, Spaß, will, aua, hallo	frei, laut, lebendig	ungehemmt, locker, spontan, gefühlvoll
Angepasstes Kind-Ich	wünschen, versuchen, hoffen, bitte, danke	besänftigend, unterwürfig	traurig, unschuldig
Rebellisches Kind-Ich	kann nicht, will nicht	weinerlich, trotzig	schmollend, verschlossen

Für die Kommunikation interessant ist es nun, wie die verschiedenen Ich-Zustände in Gesprächen beteiligt sind. Die Transaktionsanalyse unterscheidet drei Grundmodelle der Interaktion (Transaktionen).

Parallele Transaktionen

Ein Beispiel: Partner A spricht aus dem Eltern-Ich (EL) das Kindheits-Ich (K) von B an. B akzeptiert diese Ansprache und Rollenverteilung und antwortet aus dem Kindheits-Ich (K) an das Eltern-Ich (EL) des A. »Sie sollen doch die Aktenordner wieder zurück in den Schrank legen und sie nicht so schlampig da herumliegen lassen!« – »Oh, ja! Entschuldigung, habe ich ganz vergessen, wird nicht mehr vorkommen …«

Auch eine Kommunikation von Eltern-Ich zu Eltern-Ich ist eine parallele Transaktion: »Diese Jugend von heute! Unhöflich und unerzogen!« – »Ja, richtig, zu meiner Zeit war das noch ganz anders!«

Parallele Transaktionen von Erwachsenen-Ich zu Erwachsenen-Ich verlaufen meist besonders gut und für das Gespräch in sachlicher Hinsicht sehr nützlich. »Was halten Sie von Vorschlag X?« – »Ich denke, das Preis-Leistungs-Verhältnis ist nicht so gut wie bei Vorschlag Y.«

Parallele Transaktionen verlaufen meist störungs- und konfliktfrei, weil sich die Gesprächspartner über ihre jeweilige Rollenverteilung im Klaren sind.

Überkreuztransaktionen

Bei dieser Transaktion beantwortet der Empfänger einer Nachricht aus einem anderen Ich-Zustand als dem angesprochenen heraus. Er steigt also nicht auf die Rollendefinition des Senders ein.

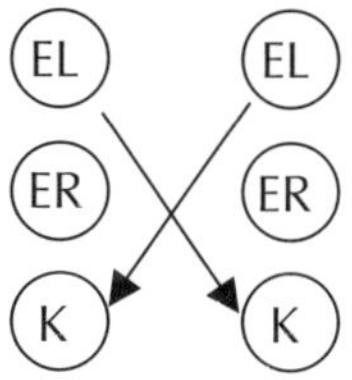

»Haben Sie schon wieder den Aschenbecher nicht ausgeräumt?«

»Schauen Sie erst einmal auf Ihren Saustall am Schreibtisch!« (EL – EL)

Überkreuztransaktionen führen oft zur Beendigung des Gesprächs. Jedenfalls sind sie für eine effiziente Kommunikation nicht förderlich. Ein Kommunikationspartner ist meist enttäuscht oder verstört, wenn der Gesprächspartner in einer anderen Rolle als in der angesprochenen antwortet. Überkreuztransaktionen aus dem Eltern-Ich sind oft verdeckte Machtkämpfe (Wer ist hier der Übervater?).

Wird eine Erwachsenenbotschaft aus dem Eltern- oder Kindheits-Ich heraus beantwortet, so gleitet das Gespräch oft ins Unsachliche ab – statt eines inhaltlichen Dialogs entwickelt sich ein Psychospiel. Beispiel: Eltern-Ich (EL-K) »Bitte kürzen Sie den Bericht etwas, wir haben nur 35 Druckzeilen Platz.« Kindheits-Ich: »Nie kann ich Ihnen etwas recht machen!« (K-EL)

Wird man hingegen in seinem Kindheits- oder Eltern-Ich angesprochen, so ist es ratsam, ein Gespräch auf eine sachliche Ebene zu bringen, indem man aus dem Erwachsenen-Ich heraus agiert.

Verdeckte Transaktionen

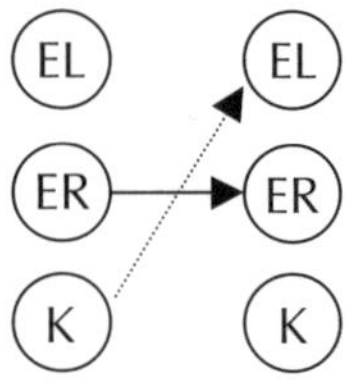

Bei verdeckten Transaktionen findet eine Transaktion offiziell statt, während eine zweite parallel dazu verdeckt abläuft. Oft sind es die Körpersprache und Tonalität, welche diese verdeckte Transaktion bewirken. Erwachsenen-Ich (ER) an Erwachsenen-Ich (ER): »Was sagen Sie dazu?« Eine sachliche Frage mit dem Wunsch nach mehr Information. Kindheits-Ich (K) an Eltern-Ich (EL): Wird die gleiche Frage mit einer hilflose Geste gestellt, kommuniziert das Kindheits-Ich mit dem Erwachsenen-Ich. Auch wenn der Ehemann mit tadelndem Unterton fragt: »Wo ist der Dosenöffner?«, so steckt hinter der sachlichen Frage eine EL-K-Transaktion – »Immer musst du alles verstecken ...«

Beliebt sind verdeckte Transaktionen auch in Verkaufsgesprächen: »Dieser Anzug ist neu in unserer Kollektion. Den haben wir gestern erst aus Paris bekommen.« (Erwachsenen-Ich an Erwachsenen-Ich, parallel dazu: Kindheits-Ich an Kindheits-Ich – »Damit bist du ganz im Modetrend ...«) Oder: »Das Sonderangebot gilt nur noch bis morgen« – verdeckte Botschaft an das Kindheits-Ich: »Kauf gleich, sonst wird es teurer!« Oder: »Dieses Auto ist allerdings etwas teurer« – verdeckte Botschaft an das Kindheits-Ich: »Zu teuer für dich, das kannst du dir sicher nicht leisten!« Da das Kindheits-Ich meist einen generierenden Einfluss auf unsere Entscheidungen hat, lösen solche verdeckten Transaktionen manchmal recht irrationale Kaufentscheidungen aus ...

Ziel von konstruktiver Kommunikation nach der Transaktionsanalyse ist es, verdeckte Transaktionen zu vermeiden und aus dem Erwachsenen-Ich heraus zu agieren. Psychologische »Spiele« blenden meist das Erwachsenen-Ich aus.

Testen Sie sich!

Entschlüsseln Sie, aus welchem Ich-Zustand heraus die Aussage gemacht wurde und an welchen Ich-Zustand sie sich richtet. Versuchen Sie, passende Antworten aus allen drei Ich-Zuständen heraus zu formulieren.

Aussage	**Transaktion**		**Antworten**
Chef zum Mitarbeiter: »Wie oft habe ich Ihnen schon gesagt, dass Sie die Ordner wieder an ihren Platz stellen sollen!«	EL	EL	______
	ER	ER	______
	K	K	______
Kollege zum Kollegen: »Wie spät ist es?«	EL	EL	______
	ER	ER	______
	K	K	______
Mitarbeiter zum Chef: »Bitte, habe ich das so richtig gemacht?«	EL	EL	______
	ER	ER	______
	K	K	______

Abteilungsleiter zum Kollegen: »In Ihrer Position können Sie sich so etwas nicht leisten!«	(EL) (ER) (K)	(EL) (ER) (K)	
Kollegin zur Kollegin: »Heute spinnt er wieder einmal, der Alte ...!«	(EL) (ER) (K)	(EL) (ER) (K)	
Chef jammernd zu anderem Chef: »Heutzutage ist es nicht leicht, engagiertes und verlässliches Reinigungspersonal zu bekommen.«	(EL) (ER) (K)	(EL) (ER) (K)	
Chef zynisch zur neuen Sekretärin: »Kränken Sie sich nicht, Frau Huber, jeder Neuanfang ist schwer.«	(EL) (ER) (K)	(EL) (ER) (K)	
Mitarbeiter zum Chef: »Mit diesem neuen Programm kenne ich mich überhaupt nicht aus.«	(EL) (ER) (K)	(EL) (ER) (K)	

Sachbearbeiter in einer Besprechung: »Objektiv verglichen ist das Angebot Y das wirtschaftlichste.«	(EL)	(EL)	________
			________
	(ER)	(ER)	________
			________
	(K)	(K)	________

Lösungsvorschläge finden Sie im Anhang auf Seite 241.

Die Transaktionsanalyse will den Einzelnen/die Einzelne dazu befähigen, sich selbst zu akzeptieren (Ich bin okay, so wie ich bin, auch mit meinen Defiziten), um eine Veränderung des gewohnten, bislang gelebten Verhaltens zu bewirken. Die erlangte Gewissheit über die eigenen Gefühle und Wertungen hilft beim Schaffen von Handlungsspielraum für andere Menschen, weil die Person durch den bewussten (und trainierten) Dialog in der Lage ist, Klarheit auch über die tatsächlichen Erwartungen ihres Gesprächspartners zu erreichen.

Das Ziel, auch in schwierigen Situationen adäquat agieren und reagieren zu können, ist sowohl im persönlichen wie im professionellen Bereich eine wertvolle Unterstützung im Umgang mit kritischen, aufgebrachten, enttäuschten Partnern oder hilfesuchenden Personen.

Was sind Emotionen?

Die Definition von Emotionen und Gefühlen ist vielfältig. Mehrere Wissenschaften und Disziplinen bieten unterschiedliche Erklärungsmodelle an. Neurobiologen, Hirnforscher, Psychologen, Mediziner, Philosophen, Verhaltensforscher, Soziologen, Berater und viele andere Berufsgruppen stellten und stellen Überlegungen dazu an. Entsprechend unterschiedlich sind die Antworten. Es ist deshalb hilfreich, sich einige grundlegende Komponenten vor Augen zu führen: Eine Emotion (vom Lateinischen *ex* »heraus« und *motio* »Bewegung, Erregung«) ist ein psychophysiologischer Prozess, der durch die mentale Bewertung eines konkreten Ereignisses, eines anderen Menschen oder auch eines Objekts ausgelöst wird und mit physiologischen Veränderungen, spezifischen Gedanken, subjektivem Gefühlserleben und einer Veränderung des Verhaltens einhergeht.

Emotionen sind stets Reaktionen, die auf unser Umfeld reflektieren. Dafür ist kein theoretisches Grundlagenwissen nötig, jeder kann bereits auf persönliche Erfahrungen zurückgreifen. Ein Mensch, der starke Gefühle zeigt, wirkt auf andere, gleichgültig, ob es sich dabei um einen Einzelnen, wie etwa den Partner/die Partnerin, oder um eine Gruppe/ein Team handelt. Wie intensiv diese Rückwirkung empfunden wird, hängt von der Intensität der Emotion ab. Wenn jemand aus einem Gefühl der Wut im Gesicht rot anläuft und dabei schweigt oder seinem Zorn laut Gehör verschafft – beide Verhaltensweisen haben eine Wirkung auf die Umgebung. Auch wenn Sie sich ungehalten schweigend abwenden, wird diese Reaktion Wirkung zeigen.

Gefühle sind weder gut noch schlecht

Unsere Wahrnehmung wird durch Gefühle mitbestimmt, unsere Urteile und Ideen werden davon mitgeprägt, und unsere Handlungen werden dadurch beeinflusst. Schwierigkeiten entstehen deshalb, weil viele von uns gelernt haben, dass Gefühle negativ behaftet sind. Unkontrollierte Gefühle werden vielfach als subjektive Schwäche angesehen. Dabei erweisen sie uns nicht nur häufig sehr gute Dienste, indem sie uns begeisterungsfähig machen und für Sinn und Werte eintreten lassen, sie mahnen uns auch zur Vorsicht, und in extremen Situationen können sie uns sogar das Leben retten.

Wenn Sie Angst vor giftigen Schlangen oder einem unkontrolliert auf Sie zurasenden Auto haben, ist das mehr ein Zeichen von emotionaler Intelligenz als von Schwäche. Emotionen sind die körperliche Antwort auf unsere Gefühle und daher für die Persönlichkeitsentwicklung notwendig. Jedoch rate ich Ihnen, immer wieder scheinbar grundlos auftretende Ängste oder cholerische Zornesausbrüche genauer zu analysieren. Manchmal wird eine intensive Selbsterfahrung oder eine psychologische Begleitung sinnvoll sein, in vielen Fällen erzielt auch eine sensible Selbstbeobachtung und Neuinterpretation sehr gute Erfolge.

Die Lösung besteht nicht darin, Gefühle zu vermeiden oder zu unterdrücken, sondern sich darauf zu konzentrieren, die gesellschaftlich als negativ bewerteten Gefühle wie Zorn, Frustration, Angst und Scham erst gar nicht aufkommen zu lassen. Je mehr wir versuchen, diese Emotionen zu negieren, umso länger werden wir diese in uns wahrnehmen. Die Erfahrung lehrt, dass sich negative Gefühle auflösen beziehungsweise positiv verändern, wenn man mit diesen konstruktiv umgeht. Wenn Sie zum Beispiel seelische Schmerzen verspüren, bleiben Sie zu Hause, hören Sie sich Musik in Moll an, weinen Sie und lassen Sie Ihrem Leid und Ihrer Trauer freien Lauf. Manchmal ist es für die Psyche nicht von Vorteil, durch rationelle Denkmuster emotional wegzudiskutieren. Nicht gelebte Trauer kann zu Depressionen führen. Das gilt auch für Frustrationen nach beruflichen Misserfolgen und Enttäuschungen. Viele Männer meinen, frei nach dem Motto »Ein Indianer kennt keinen Schmerz«, dass sie keine Gefühle zulassen dürfen. Vielleicht aus Angst, dass sie, wenn sie ihre Trauer zulassen würden, beim Psychiater landen. Dort zu landen ist wahrscheinlicher, wenn man seine Gefühle nie wahrnimmt und auslebt. Im Auf und Ab des Lebens ist jeder Mensch wütend, traurig und verzweifelt. Man freut sich, lacht, verliebt, trennt sich wieder und ängstigt sich manchmal. Wer sich all diese Gefühle zugesteht, sie akzeptiert und »durchlässt«, lernt, auf den Lebenswogen zu reiten wie ein gut trainierter Windsurfer.

Gefühle überzeugen

Gefühle sind ein wichtiger Aspekt der Überzeugungsarbeit, denn diese findet immer auf zwei Ebenen statt: auf der Beziehungs- und auf der Sachebene. Auf der Beziehungsebene ist die emotinale Komponente von entscheidender Bedeutung. Denn diese bestimmt, was auf der Sachebene transportiert wird. Effiziente Argumente werden als kraftvoll verstanden, wenn die Beziehungsebene harmoniert. Befinden sich die Gesprächspartner auf einer Resonanzebene, fällt die Überzeugungsarbeit leichter als bei zwischenmenschlichen Divergenzen.

Eine Person, welche ihre persönlichen Interessen und Belange zu wenig oder nur in geringem Ausmaß nach außen vertreten kann, wird im gesellschaftlichen und beruflichen Kontext wenig Aufmerksamkeit beziehungsweise Aktzeptanz erfahren und durchsetzen.

Verantwortung übernehmen

Sehen wir uns nun ein paar Beispiele an, wie uns auch im Bereich der Emotionen erlernte Formulierungen in die Rolle des Opfers drängen.

»Das macht mir Angst.«

»Damit hast du mich schwer getroffen.«

»Mein Mann regt mich auf.«

»Meine Frau macht mich krank.«

»Mein Chef macht mich verrückt.«

»Deine Art verletzt mich.«

Konditionierte Formulierungen signalisieren uns unser verdrängtes Verantwortungsgefühl und führen uns in die Opferrolle. Dies hat Gültigkeit für unsere Gedanken und Gefühle. Übernehmen Sie die Selbstverantwortung für Ihre Gefühle und sagen Sie sich beherzt:

»Ich mache mir Angst.«

»Ich bin schwer getroffen.«

»Ich rege mich auf.«

»Ich mache mich krank.«

»Ich mache mich verrückt.«

»Ich bin verletzt.«

Emotionale Intelligenz als Erfolgsindikator

Spätestens seit Daniel Goleman zählt die so genannte emotionale Intelligenz zu den entscheidenden Schlüsselkompetenzen für Erfolg und Karriere. Goleman sieht die emotionale Intelligenz als eine übergeordnete Fähigkeit, von der es abhängt, wie gut Menschen ihr gesamtes Repertoire an Kompetenzen, also neben dem Verstand auch soziale und emotionale Fähigkeiten, wie etwa Kommunikationsverhalten, Takt, Mitgefühl, Menschlichkeit, Höflichkeit und vieles mehr, zu nutzen verstehen. Unter emotionaler Intelligenz versteht man das Reflektieren von Gefühlen auf sich selbst sowie das soziale Kommunikationsverhalten zu anderen Menschen. Emotionale Intelligenz beinhaltet einerseits das Selbstmanagement/die Selbsterfahrung und andererseits Kompetenzen und Fähigkeiten im Umgang mit anderen.

Nach Goleman setzt sich emotionale Intelligenz aus folgenden fünf Elementen zusammen:

Selbstbewusstheit: Unter Selbstbewusstheit versteht Goleman die Fähigkeit eines Menschen, seine Stimmungen, Gefühle, Bedürfnisse, Motive und Ziele zu akzeptieren, zu verstehen und ihre Wirkung auf andere einzuschätzen. Es geht aber auch um das Bewusstsein über die persönlichen Stärken und Schwächen.

Selbstmotivation ist die Begeisterungsfähigkeit und Leistungsbereitschaft für die Arbeit aus eigenem Antrieb auf der Basis der persönlichen Sinnhaftigkeit, die Fähigkeit, sich selbst unabhängig von finanziellen Anreizen oder Status antreiben zu können. Diese Fähigkeit ist besonders in jenen Phasen von Vorteil, in denen gesteckte Ziele schwer zu erreichen scheinen oder unvorhergesehene Probleme deren Steuerung beeinflussen.

Wer sich selbst motivieren kann, findet immer wieder Kraft und Motivation zur Weiterverfolgung seiner gesteckten Ziele. Als Ergebnis resultiert daraus eine erweiterte Frustrationstoleranzgrenze sowie konstruktiver Umgang mit Rückschlägen und Enttäuschungen.

Selbststeuerung bezeichnet das planvolle Handeln in Bezug auf Zeit und Ressourcen und die Fähigkeit, die eigenen Gefühle und Stimmungen durch einen inneren Dialog zu beeinflussen und zu steuern. Mit dieser Fähigkeit sind wir unseren Gefühlen nicht mehr ausgeliefert, sondern können konstruktiv mit ihnen umgehen. Ein Beispiel: Wenn uns etwas wütend macht, können wir durch unseren inneren Dialog gegensteuern und angemessener agieren.

Empathie bedeutet Einfühlungsvermögen und bezeichnet die Fähigkeit, emotionale Befindlichkeiten anderer Menschen zu verstehen und angemessen darauf zu reagieren. Es geht darum, Mitmenschen in ihrem Sein wahrzunehmen und zu akzeptieren. Dabei bedeutet akzeptieren nicht automatisch gutheißen. Es gilt unsere Mitmenschen mit Respekt und Wertschätzung entgegenzutreten und Verständnis für ihr Tun und Denken zu zeigen.

Soziale Kompetenz: Mit sozialer Kompetenz meint Goleman die Fähigkeit, Kontakte zu knüpfen sowie tragfähige Beziehungen zu Menschen aufzubauen und aufrechtzuerhalten. Das betrifft auch gutes Beziehungs- und Konfliktmanagement, Führungsqualitäten und die Kompetenz, funktionierende Teams zu bilden und zu leiten.

Wie emotional intelligent sind Sie?

Sicher haben Sie beim Lesen schon einen ersten Eindruck gewonnen, inwieweit Sie über jene Fähigkeiten, die emotionale Intelligenz voraussetzen, verfügen. Das Internet bietet eine Reihe von Tests, in denen Sie Ihren emotionalen Intelligenzquotienten überprüfen können. Anhand des folgenden kurzen Fragenkatalogs können Sie eine erste persönliche Selbsteinschätzung vornehmen.

- Wissen Sie, wie Sie in bestimmten Situationen reagieren, und kennen Sie die Gründe dafür?
- Können Sie Ihre Gefühle beeinflussen, oder fühlen Sie sich ihnen ausgeliefert?

- Können Sie mit spezifischen Gefühlen wie Zorn, Freude, Angst, Zuneigung und so weiter umgehen? Bei sich selbst und bei anderen?
- Können Sie sich klar ausdrücken, und werden Sie verstanden?
- Können Sie aufmerksam zuhören?
- Harmonieren Sie mit anderen Menschen?
- Können Sie andere Menschen motivieren?
- Arbeiten Sie gerne mit anderen zusammen?
- Können Sie anderen Menschen Orientierung geben?
- Verfügen Sie Ihrer Einschätzung nach über Führungsqualitäten?
- Sind Sie bei anderen Menschen beliebt?
- Sind andere gerne mit Ihnen zusammen?
- Werden Sie oft um Rat gefragt?

Wenn Sie diese Fragen vorwiegend positiv beantworten können, sind Sie auf dem Weg zur emotionalen Intelligenz.

Erfolgreich durch emotionale Intelligenz

Wie schon erwähnt, existiert ein Zusammenhang zwischen Erfolg und emotionaler Intelligenz. Wobei ich unter Erfolg sowohl den beruflichen als auch den persönlichen Erfolg verstehe. Menschen mit einer hohen emotionalen Intelligenz sind meist beruflich sehr erfolgreich, weil sie über eine höhere soziale Kompetenz und Führungsqualität verfügen. Emotionale Intelligenz begünstigt harmonische Partnerschaften sowie intakte familiäre Beziehungen. Emotional intelligente Menschen hören aktiv zu und nehmen die Individualität ihrer Mitmenschen an.

Zusammenfassung

- Gedanken, Gefühle und Verhaltensweisen beeinflussen einander. Jedes Gefühl folgt einer bestimmte Denkweise, und die

Interpretationen daraus werden von verinnerlichten oder spontanen Werturteilen gesteuert. Wie diese – zumeist vom Unterbewusstsein gesteuerte – Bewertung ausfällt, hängt von frühen Erfahrungen der eigenen persönlichen Geschichte ab.

- Das Auftreten einer heftigen Emotion in einer alltäglichen Situation kann einschränkend und behindernd sein. Um die eigene Reaktion besser begreifen zu können, muss die Emotion bewusst wahrgenommen werden. Durch Selbstbeobachtung und Analyse können bewusst Veränderungen bewirkt werden, welche uns helfen, künftig aufkeimende störende Auswirkungen zu erkennen und sich emotional zu distanzieren.

- Das Ich-Modell der Transaktionsanalyse ist ein geeignetes Instrument, um festzustellen, woher bestimmte Verhaltensmuster stammen und wann sie entwickelt wurden. Das Ziel von effizienter Kommunikation ist demnach, aus dem Erwachsenen-Ich heraus zu agieren, um seiner sozialen Umwelt durch kompetente, adäquate und entsprechend korrekte Verhaltensweisen entgegentreten zu können.

- Auch wenn sich gesellschaftlich belastende Verhaltensweisen und Beurteilungsschemata bis zu einem gewissen Grad konstruktiv transformieren lassen, werden dabei in vielen Fällen emotionale Empfindungen freigesetzt. Diese zählen zu den vielen Facetten der humanen Konditionierungen und sind deshalb als evolutionärer Part unserer Species »Homo sapiens« zu akzeptieren.

- Gefühlsausdrücke im täglichen sozialen Umgang mit unseren Mitmenschen werden leider viel zu oft vermieden oder unterdrückt, da diese als »subjektive Schwäche« bewertet werden. Die Erfahrung lehrt uns, im Gegensatz dazu, positive Gefühlsregungen zuzulassen, auszudrücken und unseren Mitmenschen zu vermitteln. Diese persönlich angenehmen Gefühlsregungen senden kommunikationsfördernde Resonanzen aus, welche wir als ebensolche zurückgesandt erhalten.

- Gefühle sind in der Lage, unsere Mitmenschen zu begeistern, zu inspirieren beziehungsweise in einer gefassten Meinung zu bestärken. Mit einem Gesprächspartner gedanklich-emotional in privaten oder geschäftlichen Bereichen übereinzustimmen, löst in uns tiefe innere Befriedigung aus, da wir in diesen Momenten von unserem Gehirn eine hohe Dosis von Glücksbotenstoffen, als Anerkennung, zugeteilt bekommen. Jedem persönlichen Engagement liegen vorangegangene Gefühle zugrunde.

- Stellen Sie sich der Verantwortung für Ihre Gefühle, suchen Sie keine Ausflucht in vorgetäuschter Unwissenheit über vorhersehbare Reaktionen beziehungsweise Konsequenzen daraus.

- Sind Sie sich Ihrer Rolle als Initiator Ihrer Gefühle bewusst; aus dieser Akzeptanz heraus werden Sie den Weg zur Selbstverantwortung und Selbstbestimmung beschreiten und konsequent gehen.

- Mit emotionaler Intelligenz ist untrennbar eine effiziente Kommunikationsfähigkeit verbunden.

- »Emotionale Intelligenz« stellt im modernen Industriezeitalter eine »Schlüsselkompetenz« für den beruflichen Erfolg und die Karrierechancen dar.

Aktives Zuhören

Der Schlüssel für das Tor in die Welt der konstruktiven Kommunikation

»Die Kommunikation klappt nicht.« Wie oft habe ich diesen Satz als Trainerin schon gehört! Von Führungskräften und Mitarbeiterinnen/ Mitarbeitern wird dies als das zentrale Problem bezeichnet, aus dem Konflikte, Missverständnisse und Schwierigkeiten entstehen. Davon sind auch sehr viele private Beziehungen betroffen, und ein hoher Prozentanteil scheitert letztendlich an ineffektiver Kommunikation unter- und miteinander. Eine der wichtigsten Voraussetzungen zum Gelingen von Kommunikation ist das aktive Zuhören.

Vorwürfe provozieren Gegenvorwürfe

In vielen Fällen von differenten Diskussionsstandpunkten – im privaten wie im beruflichen Bereich – kann das lateinische Sprichwort »Actio – reactio« als Begründung herangezogen werden. Es wird, im gegenständlichen Fall, übersetzt mit: »actio« – ein Vorwurf wird an einen Gesprächspartner gesandt; dieser »kontert« mit »reactio« – ein gegebenenfalls schwerwiegenderer Gegenvorwurf wird an den anderen zurückgesandt.

Dieses »Senden – Empfangen«/»Empfangen – Senden«/»Vorwurf – Gegenvorwurf«/»Beschuldigung – Verteidigung« kann sich über mehrere differente Botschaften bei oft gleichzeitiger Einbuße der sprachlichen Ausdrucksqualität derselben erstrecken und mündet je nach Intensität in einen Irrgarten. In diesem geht die kommunikative Bereitschaft, sich noch rational mit dem Gesprächspartner austauschen beziehungsweise zu verständigen, verloren.

Möglichkeiten, diese Irrwege der menschlichen Kommunikation zu verlassen und Konflikte in eine konstruktive Richtung zu steuern, zeigt eine Technik, die der Hamburger Psychotherapeut Thies Stahl entwickelt hat. Viele Menschen sind von Kind an konditioniert, Wünsche, Hoffnungen und Erwartungen nicht zu artikulieren, sondern darauf zu warten und zu hoffen, dass der Partner, die Familie, die Freunde oder Berufskollegen diese erkennen und entsprechend reagieren. Aus dieser konditionierten Erwartungshaltung heraus entstehen demnach Gefühle der Enttäuschung – gegebenenfalls auch der persönlichen Gekränktheit. Übersteigerte oder nicht erfüllte subjektiv empfundene Erwartungshaltungen können dann auch emotionale Gefühlsregungen von zum Beispiel Aggressivität – einhergehend mit direkten Schuldzuweisungen und entsprechend phonetisch gesteigerter Ausdrucksart – auslösen.

Die angesammelten »Rabattmarken«

In der Transaktionsanalyse wird dieser Vorgang sehr bildhaft mit dem Sammeln von Rabattmarken beschrieben: Angesammelte emotionale Negativeindrücke einzeln für sich betrachtet sind noch kein auslösender Faktor einer verbalen Konfrontation und eines daraus resultierenden Konflikts. Das Zusammentreffen mehrerer negativer Erlebnisse führt zu einem unbewussten Summierungseffekt; man klebt gewissermaßen »Rabattmarken« auf eine Sammelkarte.

Nach Überschreiten einer persönlichen Frustrationstoleranzgrenze passiert eine Konfrontation mit dem Gesprächspartner. In einem solchen Fall werden all die enttäuschten Erwartungen, Verletzungen und Kränkungen auf einmal thematisiert und auch mit entsprechend verbaler Ausdruckskraft dargebracht. Siehe das Sprichwort von der Mücke, welche zum Elefant gemacht wird, oder das Sprichwort vom Topf, der überläuft!

Es ist also lediglich das Auftreten eines als negativ empfundenen empfangenen verbalen Signals meines Partners der auslösende Moment solch verbaler Kraftakte.

Was sind die auslösenden Faktoren für einen »Vorwurf«?

»Vorwürfe« und »Anschuldigungen« werden in der Kommunikation oft mit einem »Universalquantor« verknüpft: Worte wie »immer«, »nie«, »schon wieder«, »alle«, »keiner« et cetera sind Ausdrücke einer Verallgemeinerung, eines Pauschalurteils, wie zum Beispiel: der andere »hört mir nie zu«, »kommt schon wieder zu spät«, »soll mich nicht immer vor anderen kritisieren« et cetera. Eine Reihe von Erlebnissen bildet eine fortlaufende Kette, und zeitgebundene Verhaltensweisen gerinnen zu persönlichen, zeitlosen Eigenschaften.

Vorwürfe und Beschuldigungen sind Generalisierungen und focussiert in die Vergangenheit: »Immer ist es hier unaufgeräumt«, »Noch nie warst du pünktlich«, »Auf deine Zusage kann man wieder einmal nicht vertrauen«. Durchlebte und/oder vollzogene Geschehnisse der Vergangenheit unterliegen nicht mehr der Möglichkeit einer Beeinflussung – diese sind bereits zu einer erstarrten und fixierten Konstante mutiert. Eine Diskussion über unverrückbare, bereits gelebte Ereignisse führt zu keinem relevanten und konstruktiv verlaufenden Kommunikationsergebnis und ist daher denkbar unproduktiv. Solche verbalen Auseinandersetzungen zwingen den »Beschuldigten« regelrecht in eine Verteidigungsposition, des »Sich-rechtfertigen-Müssens«, des »Konterns« oder »Beleidigtseins«.

»Wünsche« – wie sie real werden ...

Wünsche, die sich stets in Erwartungshaltungen manifestieren, sind in die Zukunft gerichtet und von ihrer Natur aus noch form- und gestaltbar.

Nicht die Vergangenheit mit all ihren Verletzungen, Enttäuschungen und so weiter steht im Fokus, sondern die gemeinsame Gestaltung der Zukunft. Wie können die hinter einem Vorwurf stehenden Erwartungen, nicht ausgesprochenen Wünsche oder Hoffnungen lösungs- und zukunftsorientiert umformuliert werden? Gelingt es, den Vorwurf als Wunsch zu formulieren, so wird er verhandelbar, besprechbar, lösbar. Über Vorwürfe kann man nicht verhandeln, über Wünsche oder Forderungen schon. Und der Blickwinkel ändert sich in Richtung auf die Zukunft hin. Wünsche beschreiben ein zukünftiges Verhalten: Dieses ist gestaltbar, hier gibt es wieder Freiräume.

Wie jedoch können negativ besetzte – weil im persönlichen problemorientierten Konfrontationsdiskurs vorgebrachte – Argumente, die gleichzeitig Wünsche und/oder Erwartungshaltungen an meinen Diskussionsparter implementieren, einer zukunftsorientierten Auflösung zugeführt werden? Da Vorwürfe meist durch Gegenvorwürfe beantwortet werden, kommt es zur Eskalation oder zum Abbruch der Kommunikation. Denn Wünsche enthalten keine Negativbeschreibung der anderen Person, sondern sind ein Stück Selbstoffenbarung; Vorwürfe hingegen zielen darauf ab, den anderen abzuwerten.

Vorwürfe und/oder verbale Vorhaltungen werden vom Gesprächspartner in vielen Fällen als Abwertung der eigenen Persönlichkeit empfunden und durch entsprechende, meist noch aggressiver formulierte Gegenargumente an den »Sender« zurückgesandt.

Gelingt es somit, den Inhalt einer Erwartungshaltung in einen definierten und klar verständlichen Wunsch zu transformieren, so wird dieser dadadurch kommunikativ effizient diskutierbar und führt somit zu einer Win-win-Situation, zu einem positiven Ergebnis.

Die »Schule des Wünschens«

Das Modell sieht im Einzelnen so aus:

- *Umformulieren des Vorwurfs in einen Wunsch / eine Forderung / eine Bitte.* Eine Wunschformulierung soll jedoch sprachliche Kriterien erfüllen, damit er psychologisch wirksam werden kann.

- *Der Wunsch soll positiv formuliert sein.*
  Statt »Bitte komm nicht immer zu spät« – »Bitte sei pünktlich!«. Statt »Bitte vergiss nicht, das Mathematik-Schulübungsheft mitzunehmen!« – »Bitte stecke nach der Mathematikstunde dein Schulübungsheft in die Schultasche!«. Sagen Sie, was Sache ist, sagen Sie, was Sie wollen, das heißt, vermeiden Sie zu sagen, was Sie nicht wollen! Denn diese Formulierung bewirkt psychologisch das Gegenteil und löst in unserem Gehirn keine Aufforderung zur Erfüllung der Bitte aus.

- *Der Wunsch soll so konkret wie möglich und in einem klaren Zusammenhang formuliert sein.*
  Statt »Ich wünsche mir, dass du mir zuhörst!« – »Wenn ich wochentags abends nach Hause komme, wünsche ich mir, dass du dich eine halbe Stunde lang mit mir ins Wohnzimmer setzt und mir deine Aufmerksamkeit schenkst!«.

- *Der Wunsch soll im Rahmen der Möglichkeiten des anderen liegen.*
  Statt »Ich wünsche mir, dass wir nicht mehr sparen müssen« – »Ich wünsche mir, dass du einen Abendkurs machst, damit du den höher dotierten Posten XY antreten kannst«.

- *Die Erfüllung des Wunschs soll in absehbarer Zeit möglich sein.* Statt »Ich wünsche mir, dass du unseren Sohn ordentlich erziehst!« – »Ich wünsche mir, dass du im Urlaub unserem Sohn ein Vorbild in guten Tischmanieren bist und ihm dabei erklärst, wie er mit dem Essbesteck manierlich umgeht!«.

- *Einen Verhandlungsspielraum zur Wunscherfüllung des anderen einräumen.*
  Beispiel: »Okay, ich bin bereit, pünktlich nach Hause zu kommen und mein Bier mit dir gemeinsam zu trinken. Voraussetzung dafür ist jedoch, dass du mir dann auch zuhörst, wenn ich dir von meinem Arbeitstag erzähle und du dich dabei nicht von eingehenden Nachrichten oder Telefonaten deines Handys ablenken lässt.«

- *Treffen einer Übereinkunft, aus der beide Gesprächspartner einen Nutzen ziehen.*
  Verbalen Konflikten gehen meist beidseitig negativ formulierte Kommunikationsforderungen voraus, an deren Auflösung dann auch alle beteiligten Gesprächspartner mitwirken sollen. Dass dabei beide Seiten die Interessenpunkte auf den inneren Landkarten des anderen finden und abstimmen ist Voraussetzung, um einen gemeinsamen Nenner zu finden.

Dieses Modell wurde ursprünglich als Hilfestellung für Mediatoren entwickelt. Die Praxis hat nämlich gezeigt, dass sich Konflikte häufig effizienter lösen lassen, wenn eine auf bewertungsneutraler Gesprächsbasis eingebundene Person dabei zugegen ist. Bei emotionsgeladenen Gesprächsthemen sind Konflikteskalationen geradezu vorprogrammiert. Durch deren differente Bewertungsoptionen der beteiligten Diskussionspartner kann nur eine positionsneutral agierende Person ein Gesprächs- oder Verhandlungskonzept aufrechterhalten und einhalten.

Vorschläge zur Konfliktvermeidung beziehungsweise Konfliktbereinigung im Berufsalltag

Manche Konflikte im Berufsalltag können von einem entsprechend versierten Manager oder Abteilungsleiter auch ohne Hinzuziehung eines Gesprächscoaches oder -mediators aufgelöst werden. Dabei kann nachstehende Vorgehensweise angewandt werden: Bitten Sie die Diskussionskontrahenten zu einem klärenden Gespräch. Gesprächsstandpunkte werden jeweils so vorgetragen, dass gegenseitig akzeptable und sinnhafte Standpunkte auf- und wahrgenommen und vor allen Dingen auch umgesetzt werden können.

Dabei hinterfragen Sie die störenden Faktoren des Diskussionsinhalts, versichern Sie sich der Zustimmung der Beteiligten, dass es für beide respektvoll erscheint. Durch gemeinsame Gesprächsübungen werden die störenden Faktoren eines Gesprächs eliminiert beziehungsweise ausgefiltert. Bringen Sie »den Stein ins Rollen« und beginnen Sie mit dem aufklärenden Gespräch. Anschließend greifen Sie den vorgebrachten Diskussionspunkt auf, der zum Beispiel sein könnte: »Nie bekomme ich von Ihnen die Aufträge, die ich ohne Probleme bearbeiten kann.« Eröffnen Sie nun dem Mitarbeiter, dass seine/diese Art der Formulierung nicht nur ungenau, sondern auch verletzend ist. Erklären Sie ihm, dass diese darüberhinaus demotivierend für den Kollegen ist. Führen Sie im nächsten Schritt den Mitarbeiter dorthin, dass er seine Klage in einen positiv formulierten Wunsch umwandelt, der da lautet: »Ich wünsche mir, dass Sie die Aufträge so ausfüllen, dass die Angaben leserlich sind.« Achten Sie darauf, dass in der Formulierung keine Beziehungskiller enthalten sind, wie zum Beispiel:

»Es wäre schön, wenn Sie *endlich* mal ...«

»Sie sind *immer* ...«

»Sie machen *nie* …«

»Wenn Sie doch *wenigstens* mal …«

»Sie sind *immer* gleich …«

Nachdem Sie gemeinsam mit dem Mitarbeiter den Wunsch entsprechend oben aufgeführten Kriterien umformuliert haben, ersuchen Sie ihn, diesen nun exakt so an den Kollegen verbal zu »senden«. Dem Empfänger wiederum stellen Sie die Frage, ob dieser bereit ist, diesen umformulierten Wunsch anzunehmen und auch darauf einzugehen, sprich: ihn zu erfüllen. Dabei kann es sein, dass der Empfänger wiederum Gegenargumente vorweist, wie zum Beispiel:

»Ich weiß nicht, wie ich dem Wunsch nachkommen soll«.

»Es gibt technische Schwierigkeiten im Ablauf«.

»Ich habe auch einen Wunsch.«

Besprechen Sie diese Einwände und Gegenargumente in Abstimmung so lange, bis ein Konsens gefunden wurde. Ist dies zur beiderseitigen Zufriedenheit erledigt, äußert der andere Mitarbeiter/der Empfänger seinen Wunsch. Nach akzeptabler Abstimmung vereinbaren Sie eine Laufzeit, innerhalb dieser die Umsetzung der gegenseitigen Wünsche erfolgen soll.

Die Schule des Wünschens ist eine einfache und zugleich effektive Möglichkeit, den Konfliktpartnern neue Wege im Umgang miteinander aufzuzeigen und auf diese Weise bestimmte Ursachen (gegenseitige Schuldzuweisungen und Vorwürfe) von Konflikten aufzulösen. In kurzen Worten ausgedrückt bedeutet dies: »Sagen Sie nicht, was Sie *nicht* wollen, sondern sprechen Sie klar und kraftvoll aus, *was* Sie wollen!«

Beispiele für Umformulierungen

Statt zu klagen »Nie hörst du mir zu«, formulieren Sie Ihren klaren Wunsch/Ihre Forderung: »Bitte höre mir jetzt zu!« Statt des Vorwurfs »Schon wieder bist du zu spät dran!« konkretisieren Sie: »Bitte komm morgen bis spätestens 18 Uhr nach Hause, weil ich ein gemeinsames Essen vorbereiten werde.«

An den folgenden Beispielen können Sie sich selbst testen.

Vorwurf/Beschuldigung	**Wunsch/Forderung**
»Wie oft muss ich Ihnen noch sagen, dass Sie die Korrespondenz nicht so chaotisch ablegen sollen!«	
»Von Ihnen habe ich noch nie eine klare Auskunft bekommen!«	
»Sie sind am Telefon immer so unfreundlich!«	
»Deine Mutter ist eine schreckliche Nervensäge!«	

Vorwurf/Beschuldigung	Wunsch/Forderung
»Wie oft habe ich dir schon gesagt, dass man mit Erwachsenen nicht in diesem Ton spricht!«	
»Was fällt dir ein, so verschwenderisch mit dem Haushaltsgeld umzugehen!«	
»Diese schreckliche Musik hält ja keiner aus!«	

Lösungsvorschläge finden Sie im Anhang auf Seite 243.

Die klassische Methode des aktiven Zuhörens

Eine bewährte Methode, effizient zuhören zu erlernen, ist das aktive Zuhören. Diese Technik basiert auf der klientenzentrierten Gesprächsführung (Gesprächstherapie) von Carl Rogers. Der amerikanische Psychotherapeut, der als einer der Begründer der Schule der humanistischen Psychologie gilt, hat erkannt, wie selbstbestätigend es für sein persönliches Ego ist, wenn jemand in einem Gespräch erfahren kann, dass er verstanden wird und dass seinen Worten mit Aufmerksamkeit und Interesse gefolgt wird. Die Grundidee dieser Technik ist, dem Gesprächspartner durch kurz zusammengefasstes Wiederholen seiner letzten Wortmeldung das Signal zu senden, dass man aufmerksam zugehört hat.

Rogers unterscheidet zwischen zwei Möglichkeiten des aktiven Zuhörens:

- *Das Paraphrasieren*
  Dabei geht es um eine sinngemäße Wiederholung der inhaltlichen Äußerungen des Gesprächpartners. Man fasst gewissermaßen in eigenen Worten zusammen, was von den Gedanken des anderen »angekommen« ist, und signalisiert dabei dem Partner, dass man seinen Ausführungen Interesse und Aufmerksamkeit geschenkt hat. Diese Tatsache allein ist für die meisten Menschen schon eine Wohltat. Aufmerksamkeit ist eine besondere Form der Wertschätzung und Beachtung.

- *Das Verbalisieren*
  Diese Form des aktiven Zuhörens achtet nicht primär auf die Inhalte, sondern auf die Gefühle, die der Gesprächspartner in seinen Worten mitschwingen lässt. Beim Verbalisieren wiederholt man die Gefühlsbotschaft des anderen. Oft wird der emotionale Gehalt der Äußerungen dem Partner durch das Wiederholen erst richtig bewusst.

Der Einsatz mit Fingerspitzengefühl

Der Umgang und der Einsatz dieser beiden Methoden des aktiven Zuhörens hat mit »Fingerspitzengefühl« zu erfolgen und soll mit großer Achtsamkeit eingesetzt werden. Die »papageienhafte« Anwendung des aktiven Zuhörens (das heißt durch stetiges Wiederholen von Worten) kann vom Gesprächspartner als Provokation oder als persönliche Beleidigung aufgefasst werden. Auch eine Umformulierung einer gestellten Frage durch eine banale Ausdrucksweise (»Bitte, wo ist hier die Toilette?« – »Oh, verstehe ich Sie richtig, dass Sie schon einen starken Druck verspüren?«) wird vermutlich mehr als Taktlosigkeit denn als Einfühlungsvermögen interpretiert werden.

Paraphrasieren ist dann sinnvoll und angebracht, wenn es um sensibel handzuhabende sachliche Inhalte geht, also um Kernaussagen des Gesprächspartners, die für ihn offensichtlich von großer Wichtigkeit sind. Auch wenn schwierige oder ungewohnte Gedanken vermittelt werden, kann das Paraphrasieren in konstruktiver Weise angewendet werden. Beim Verbalisieren sind Formulierungen noch sensibler handzuhaben, da sich Gefühlsbotschaften häufig »zwischen den Zeilen« verbergen – die Interpretation derselben erfolgt naturgemäß stets nach eigenen Werten und Denkmustern. Das Verbalisieren soll daher immer in fragendem Ton, in Form einer Vermutung, geschehen und nie als definierte Behauptung. Mit der Gesprächstechnik des Verbalisierens ist – wie erwähnt – sensibler und dezenter umzugehen als mit der Technik des Paraphrasierens, denn nicht jede verbale Phrase beinhaltet eine definierte emotionale Botschaft.

Das Gesprächsklima verbessern

Die Effekte des aktiven Zuhörens sind vielfältig: Zunächst einmal kann man durch diese Technik die Gesprächsbeziehung zwischen zwei Personen erheblich verbessern. Man empfindet es als wertschätzend, ein Gespräch konstruktiv führen zu können und aufmerksame Gesprächspartner an seiner Seite zu haben. Durch die gelegentliche Wortwiederholung erfährt der Sender, dass der Empfänger an seinen Worten interessiert ist, dem Gespräch mit Interesse aufmerksam gefolgt hat und den Inhalt aufgenommen hat. Die damit vebundene Respektierung der Persönlichkeit des Wortspenders ist eine gesellschaftlich anerkannte Auszeichnung von Achtung und Wertschätzung, welche beim Aufbau einer intakten Kommunikation sehr hilfreich ist. Leider ist es nicht sehr vielen Menschen vergönnt, dass Ihnen intensive Aufmerksamkeit bei einem Gespräch widerfährt, und so erfahren es leider nur wenige als besonders wohltuend und emotional befriedigend, wenn sie in ihrer Ganzheit wahrgenommen werden.

Das *Verbalisieren* ist ein starkes Kommunikatonsmittel. Wo Gefühle angesprochen und möglicherweise sogar erstmals überhaupt thematisiert werden, da wächst das Vertrauen. Es kann dem Sprecher helfen, sich seiner eigenen Emotionen überhaupt erst bewusst zu werden, und damit auch entscheidend zur Selbsterkenntnis beitragen. Die Technik des Verbalisierens kann therapeutische Wirkungen haben, deshalb soll sie dementsprechend behutsam eingesetzt werden. Sie hilft auf jeden Fall, eine Beziehung zu intensivieren und zu vertiefen.

Das Verbalisieren ist ein Werkzeug der ausdrucksstarken Kommunikaton. Wo Menschen ganzheitlich mit ihren übermittelten Gefühlen wahr- und vor allen Dingen angenommen werden, entsteht eine enge emotionale Bindung. Durch diese wird Vertrauen gebildet und gegenseitige Wertschätzung aufgebaut und genährt. Die daraus entstehenden Emotionen mit entsprechend positiven Reaktionen aus seinem sozialen Kommunikationsumfeld tragen zum Selbstwert eines Menschen erheblich bei.

Bei aufkeimenden Konflikten der Kommunikation schwächt das aktive Zuhören die Intenstität der negativen Emotionen deutlich ab. Diese Technik wird bewusst zur Deeskalation eingesetzt. Wer sich von seinen Mitmenschen angenommen und verstanden fühlt, wem ungeteilte Aufmerksamkeit widerfährt, der kommt nicht nur in den positiven Genuss, frei von Vorurteilen/Aggression zu sein, sondern kann darüber hinaus seinen Mitmenschen offen und herzlich begegnen.

Wertschätzung erzeugt Vertrauen

Das aktive Zuhören hat eine importante Funktion in Bezug auf die eigene Wahrnehmung. Der Empfänger überprüft damit sein Kommunikationsverständnis, gleichzeitig hat er die Möglichkeit, damit zu kontrollieren, ob er die zentralen Mitteilungen der gesendeten

Nachricht gehört und Sinn beziehungsweise Inhalt verstanden hat. Eine negative Eigenschaft des Empfängers zeigt sich darin, vorschnell noch nicht empfangenen Mitteilungen prognostisch zu bewerten und zu interpretieren. Denn wir alle unterliegen ständig dem Prozess der Selbsttäuschung über Meinungen, Gedanken und Gefühle unserer Gesprächspartner. Das heißt, wir konterkarieren in sehr vielen Fällen – durch eine konditionierte Missachtung – unsere menschlichen Ethikwerte, welche uns unter anderem eine vorurteilslose Annäherung an unsere Mitmenschen gewähren. Nur selten erhalten wir die Chance, diese Irrtümer zu korrigieren.

Durch Anwendung des aktiven Zuhörens sind wir in der Lage, unsere vorgefassten, ja vielfach prognostischen Bilder und Konstrukte von anderen Mitmenschen richtigzustellen und zu implementieren. Auch ergibt sich oftmals beim Wiederholen von Kernaussagen des Gesprächspartners jener Aspekt, dass noch eine weitere Information darin enthalten ist oder gegebenenfalls, dass ihm eine solche sogar wichtiger erscheint. Fallweise erkennt man dabei das verblüffende Phänomen, dass der Gesprächspartner sinnhaftig etwas anderes zum Ausdruck bringen will als das was man in der Kernaussage bereits angenommen beziehungsweise vermutet hat. Dies sensibel handzuhaben, auf Eventualitäten von differenten Sinndeutungen gefasst zu sein und entsprechend durch kompetente Kommunikation den Partner wertzuschätzen ist der »goldene Schlüssel« zum aktiven Zuhören.

Abschließend zu diesem Punkt noch ein Sprichwort: »Man soll immer beide Seiten hören, bevor man sich ein Urteil bildet!« Oder wie die alten Lateiner sagen: »Audiatur et altera pars!«

Aktives Zuhören schafft Zuhörer

Aktives Zuhören regt zur Nachahmung an. Personen, welche unter emotionaler Spannung stehen und ihren Druck durch Kommunikation abbauen wollen, sind in einer solchen Ausnahmesituation nicht fähig, anderen aktiv zuzuhören oder andere/zusätzliche Informationen aufzunehmen.

Durch aktives Zuhören schafft der Empfänger oft erst die Voraussetzung, dass der Sender einer Nachricht eine Botschaft überhaupt an sich herankommen lässt. Wer erlebt, dass ihm zugehört wird, ist in der beneidenswerten Lage, sein Leid oder seine psychische Belastung mit anderen zu teilen und durch deren differente Sichtweisen Lösungs- und/oder Milderungsgründe auf- und anzunehmen.

Daher öffnet ein aktives Zuhören auch Ohren und Sinne des Gesprächspartners – sogar so genannte »Vielredner« sind für diese Art der Kommunikation empfänglich, da sie in ihrem »Redeschwall« sehr oft nicht einzudämmen sind und an sie gesandte Informationen gar nicht aufnehmen können. Wird ihr, vermeintlich, eigenes Gedankengut jedoch reflektiert, fühlen sie sich oft bestätigt und von anderen »umschmeichelt«, was wiederum die Aufnahmefähigkeit von an sie gesendeten Informationen stark positiv beinflusst.

Es kann durchaus vorkommen, dass jemand deshalb zum »Vielredner« geworden ist, weil ihm normalerweise niemand zuhört – und er unbewusst davon ausgeht, dass dieses Manko durch die Menge der Worte wieder wettzumachen ist. (Paul Watzlawick beschreibt das als »Mehr-desselben-Strategie«). Aktives Zuhören kann dieses Muster durchbrechen.

Testen Sie sich!

Ordnen Sie den folgenden Äußerungen die adäquaten Antworten zu. Erkennen Sie bereits, was Paraphrasieren oder Verbalisieren und was keines von beidem ist?

Aussage	Antwort	Kategorie
1. Kollege verärgert zur Kollegin: »Ich verstehe nicht, wieso der Boss Carlos hinausgeworfen hat.«	a) »Das kann uns doch ganz egal sein.« b) »Dich ärgert, wie er mit Ausländern umgeht.« c) »Sei froh, dass es dich nicht erwischt hat.« d) »Du fragst dich, welche Gründe für die Kündigung maßgebend waren?«	
2. Ehefrau stolz zu anderer Ehefrau: »Mein Mann hat endlich die Prokura bekommen und muss jetzt nicht mehr wegen jeder Kleinigkeit Herrn Direktor Müller fragen.«	a) »Ich merke, du bist richtig stolz auf ihn.« b) »Ja, der Müller ist ein dummer Kerl.« c) »Dein Mann kann also jetzt im Geschäft ziemlich selbstständig handeln.« d) »Ja, mein Mann hat schon lange eine Prokura.«	
3. Kollege freudig zum Kollegen: »Übrigens, ich werde nächste Woche für die Firma auf den Kongress nach Ägypten fahren.«	a) »Da war ich voriges Jahr auch.« b) »Ägypten! Wie langweilig!« c) »Dann bist du also nächste Woche auf Dienstreise.« d) »Da freust du dich bestimmt darauf!«	
4. Mutter verärgert zu anderer Mutter: »Lehrer Müller hat den Test meiner Monika schon wieder ganz schlecht benotet«.	a) »Deine Tochter ist also in dem Fach jetzt gefährdet?« b) »Ja, mein Klausi ist da auch ganz schlecht.« c) »Über den Müller gibt es schon ganz viele Beschwerden.« d) »Du ärgerst dich über den strengen Lehrer.«	

Aussage	Antwort	Kategorie
5. Kunde entrüstet zum Verkäufer: »Diesen Schrott von einem DVD-Player, der nur hüpfende Bilder produziert, können Sie sich behalten!«	a) »Haben Sie überhaupt eine Rechnung?« b) »Sie sind entrüstet über die schlechte Bildqualität ...« c) »Der DVD-Player gibt hüpfende Bilder wieder?« d) »In diesem Ton können Sie nicht mit mir sprechen!«	
6. Chef verärgert zum Mitarbeiter: »Die neuen Zollvorschriften für Gemüsekonserven versteht ja kein Schwein – wie hoch ist der Tarif jetzt eigentlich?«	a) »Sie fragen sich, wie viel Zoll wir jetzt genau zahlen müssen?« b) »Ja, die Bürokraten machen, was sie wollen.« c) »Sie ärgern sich über die komplizierten Zollbestimmungen?« d) »Schreien Sie mich nicht an, ich kann ja nichts dafür!«	
7. Mitarbeiter besorgt zum Chef: »Ich möchte gerne morgen freihaben, weil meine Frau vier Wochen zu früh Wehen bekommen hat.«	a) »Sie machen sich Sorgen um Ihre Frau?« b) »Wo glauben Sie, dass das hinführt, wenn jeder wegen einer solchen Lappalie zu Hause bleibt?« c) »Ja, meine Frau hat auch schon zwei Wochen vor der Geburt Wehen bekommen.« d) »Sie wollen morgen einen Tag Pflegeurlaub nehmen?«	

8. Kunde aggressiv zum Berater: »Und warum sollte ausgerechnet Ihr Gerät besser funktionieren als der Krempel der Konkurrenz, den wir bereits ausgemistet haben?«	a) »Nun, wir haben eben den neuen XYZ-Prozessor.« b) »Mit diesen Idioten können Sie uns nicht vergleichen!« c) »Ich verstehe, dass Sie Aggressionen haben, weil Sie schlechte Erfahrungen mit dem Mitbewerb gemacht haben.« d) »Sie fragen sich, was unsere Geräte besser können als Ihre bisherigen?«

Die Lösungen finden Sie im Anhang auf Seite 244.

Herzenssprache – die hohe Kunst des Bittens

Robert kommt abends müde nach Hause. Er will nur mehr seine Ruhe, ein Glas kühles Bier und die Beine vor dem Fernseher hochlagern. Es empfängt ihn sein lebensfroher Achtjähriger, der ihm unbedingt sofort das tolle neue Computerspiel vorführen möchte. Der Vater ist genervt und sagt: »Siehst du nicht, dass ich müde bin, du Nervensäge!«

Nach Marshall B. Rosenbergs Ansatz der gewaltfreien Kommunikation ist diese Aussage des Vaters ein typisches Beispiel für Gewalt in der Sprache. Schuldzuweisungen (»Siehst du nicht ...«) wirken verletzend und provozieren Konflikte. Etikettierungen (»du Nervensäge«) sind unpersönliche Formulierungen aus einer Beobachterposition, also aus der Position der Stärkeren.

Dabei ist das väterliche Bedürfnis durchaus legitim. Die meisten von uns haben nur nicht gelernt, ihre augenblicklichen Gefühle wahrzunehmen (siehe auch das Kapitel »Die Sprache der Gefühle«), Bedürfnisse zu äußern und um deren Erfüllung zu bitten. Stattdessen greifen wir zur Sprache der Gewalt – um im Endeffekt nichts anderes zu erreichen als eine persönliche Kränkung des anderen. Die Grundthese der gewaltfreien Kommunikation lautet: »Die Chance, dass deine Bedürfnisse erfüllt werden, steigt, wenn du sie als Bitte formulierst.«

Aggression erzeugt Gegenaggression – frei nach dem Motto: »Druck erzeugt Gegendruck«

Anklagen, Kritik, Vorwürfe, Schuldzuweisungen und der Großteil der aggressiven Sprache sind nach den Grundideen der gewaltfreien Kommunikation so etwas wie »verkappte Wünsche«. Weil wir kaum gelernt haben, unsere Wünsche konstruktiv und in einer für den anderen annehmbaren Form zu äußern, bedienen wir uns gerne der aggressiven Sprache.

Jede Aggression ist Ausdruck der eigenen Schwäche. Weil wir unbewusst der Meinung sind, nur durch das Ausdrücken von Macht, Stärke und Drohungen zur Erfüllung unserer Bedürfnisse kommen. Genau hier liegt der Trugschluss: Die Wahrscheinlichkeit, dass ein Wunsch erfüllt wird, steigt, wenn er ohne Anklage, Schuldzuweisung oder Kritik präsentiert wird. Eine Beschuldigung drängt den Empfänger in Verteidigungs- oder Rechtfertigungshaltung. Oder er wird selbst aggressiv. Aggression erzeugt häufig Gegenaggression und selten Unterwerfung.

Es ist nichts Unrechtes daran, Bedürfnisse und Wünsche zu artikulieren, die durch Handlungen oder Worte anderer Menschen erfüllt werden können. Wir leben in wechselseitiger Abhängigkeit – und es ist nur natürlich, um das zu bitten, was »das Leben bereichert«, wie Rosenberg es ausdrückt.

1. Beobachten statt bewerten oder interpretieren

Rosenberg unterscheidet sehr genau zwischen Wahrnehmung und Interpretation. Was können wir in einem Gepräch, in einem Konfliktverlauf oder in einer ganz einfachen Begegnung zwischen Menschen beobachten – und dann: Welche Schlüsse ziehen wir daraus, und wie bewerten wir diese? Meist vermischen wir nämlich Beobachtung und Bewertung sehr schnell und leisten damit der Gewaltsprache unbewussten Vorschub. Sehen wir uns zwei Beispiele an.

Die Ehefrau erzählt ihrem Mann am Abend, was sie tagsüber erlebt hat. Der Ehemann blättert während dieser Erzählung in der Post. Da der Mann damit nicht aufhört, erhebt die Frau ihre Stimme und ruft: »Du ignorierst mich wieder vollkommen, du unsensibler Egoist!« Gleichgültig, ob die Äußerung ihre Berechtigung hat oder nicht, sie ist ein klassisches Beispiel für Bewertung. Eine Beobachtung jedoch lässt sich wie folgt im ruhigen Ton mit ausgeglichener Mimik und Gestik darbringen: »Ich merke, dass du, während ich dir von meinem Tag erzähle, in der Post blätterst und bisher dazu noch kein Wort gesagt hast.«

Für eine solche Reaktion bedarf es zweifellos effizienten Trainierens der Kommunikation. Besonders dann, wenn einen das Verhalten eines anderen wütend macht. Aber: Die beobachtende Äußerung erhöht dramatisch die Wahrscheinlichkeit, dass der so angesprochene Ehemann nicht seinerseits die Stimme er- und zu einer kränkenden Gegenattacke anhebt. Bei einer einigermaßen präzisen Beschreibung seines Verhaltens fällt ihm möglicherweise zum ersten Mal seine Präsenz selbst auf.

Mitarbeiter Lentius Benedormius kommt zu spät ins Büro. Da das nicht das erste Mal ist, stellt ihn sein Chef mit den folgenden Worten zur Rede: »Ich stelle fest, dass Sie sich für Ihre Arbeit überhaupt nicht mehr interessieren und völlig unmotiviert sind. Sie sind ein Tagträumer und Nichtsnutz!« Dass eine derartige »Führungsbotschaft« die Leistungsbereitschaft bei Herrn Benedormius erhöht, ist als eher zweifelhaft anzusehen.

Eine neutrale, effektive Beobachtung kann sich jedoch auch so darstellen: »Herr Benedormius, in den letzten drei Wochen sind Sie viermal erst nach halb neun Uhr im Büro erschienen.« Das ist zumindest eine Faktendarstellung, der nicht widersprochen werden kann. Wenn der Tonfall dabei nicht zynisch ausfällt, kann das durchaus eine Basis für ein sachlich geführtes Gespräch sein, die Verantwortungsbereitschaft und Chance steigt, dass der Mitarbeiter auch sein Verhalten ändert.

2. Gefühle wahrnehmen und benennen

Wenn wir bei unseren Partnern, Mitmenschen, Kollegen et cetera ein bestimmtes Verhalten beobachten, löst das in uns Gefühle und Empfindungen aus. Bei eintretenden Empfindungen, die unseren verwurzelten Grundbedürfnissen entsprechen, werden diese als positive Gefühle empfunden: Glück, Zufriedenheit, Geborgenheit, Sicherheit et cetera. Wenn diese Bedürfnisse nicht erfüllt werden – und das kommt entschieden häufiger vor, als man annehmen möchte –, dann keimen in uns Gefühle der Einsamkeit, Traurigkeit, Angst, Wut, Verwirrung et cetera. Im gegenständlichen Fall der oben aufgeführten Ehefrau ist es mit hoher Wahrscheinlichkeit das Gefühl, einsam und ungeliebt zu sein, weil der Ehemann so offensichtlich uninteressiert reagiert hat. Wir tragen selbst die Verantwortung, ob wir positive oder negative Gefühle zulassen.

»Ich fühle mich nicht ernst genommen« ist nach Rosenberg kein primäres Gefühl, sondern eine Beziehungsaussage, mitunter auch eine Interpretation ohne realen aktuellen Hintergrund. Deshalb trainiert er in seinen Seminaren die bewusste Wahrnehmung der persönlichen Gefühle. Wer es gelernt hat, bei sich zu bleiben, sich selbst zu spüren und nicht sofort auf die Ebene der Deutung, der Intepretation und der Theorie zu wechseln, wird nach Meinung Marshall Rosenbergs fähiger zur gewaltfreien Kommunikation gelangen.

3. Bedürfnisse erkennen und ernst nehmen

Gefühle entstehen, wenn Bedürfnisse erfüllt oder nicht erfüllt werden. Menschen haben sehr ähnliche Bedürfnisse: nach Akzeptanz, Liebe, Nähe, Wärme, Geborgenheit, aber auch nach Kreativität, Schönheit, Ordnung oder dem Schaffen von Bleibendem. Die Erfüllung dieser Bedürfnisse macht das Leben glücklicher, reicher und sinnvoller.

Die Ehefrau im ersten Beispiel hat vermutlich das Bedürfnis nach Nähe, nach Bestätigung, nach Respekt. Das Verhalten des Ehemannes wird von ihr als Missachtung dieser Bedürfnisse empfunden. Daher fühlt sie sich in dieser negativen Situation emotional als minderwertige, ja ungeliebte, Person.

Der Chef, im zweiten Beispiel, hat als Bedürfnisse Ordnung, Respekt und sozialen Frieden im Unternehmen. Da diese Bedürfnisse vom Tagträumer nicht erfüllt werden, fühlt sich auch der Chef emotional ineffizient.

4. Klare Bitten äußern

Wer auf das Ansuchen beziehungsweise die Bitte einer anderen Person entsprechend positiv, das heißt in deren Sinn, reagiert, agiert aus eigenem Antrieb und aus selbstlosem Handeln heraus.

Die dabei subjektiv empfundene Freude daran, das Leben anderer Mitmenschen – wenngleich sehr oft und in der Vielzahl der Fälle

– punktuell und gegebenenfalls auch situationsbedingt zu bereichern, vermittelt auch uns selbst gleichartige Glücksgefühle bis hin zur tiefen inneren Befriedigung. An einem solchen »Scheideweg« sind die Unterschiede zwischen einer Forderung, welche stets Druck auf die gerichtete Person ausübt, sehr häufig von Konflikten begleitet. Ein Wunsch hingegen, welcher aus eigenem Antrieb sozial-konstruktiv kommuniziert und mit hohen Erfolgschancen belohnt wird, ist klar erkenntlich.

Damit Bitten gerne erfüllt werden, gilt es, diese sozialkompetent und der Kommunikationssituation entsprechend zu formulieren. Welche konkreten, genau beschriebenen Handlungen wünsche ich mir vom Gesprächspartner? Bitten, die das Wesen des anderen betreffen, sind von diesem nicht erfüllbar. »Ich bitte dich, sei doch sensibler« ist keine Bitte, sondern die Aufforderung: »Sei ein anderer Mensch!« Das ist nicht möglich. Auch Bitten mit persönlichen Negativformulierungen sind ungünstig: »Du als Absolvent zahlreicher Kommunikationsseminare und regelmäßiger Leser einer psychologischen Fachzeitschrift wirst mich sicher verstehen, wenn ich dich bitte, mir besser zuzuhören ...«

Eine kraftvoll-wertschätzend formulierte Bitte, bei welcher der Empfänger genau weiß, was abverlangt beziehungsweise eingefordert wird, hat eine ungleich höhere Chance, wohlwollend erfüllt zu werden, als eine destruktive, auf einem gegebenenfalls persönlich beleidigenden Befehlston basierende Bitte.

Eine wichtige Rolle dabei spielen immer die Körpersprache und die Tonalität. Diese beiden Faktoren machen den Erfolg einer noch so einwandfrei dargebrachten »gewaltfreien« Bitte zunichte.

Aus der Aggressionsspirale aussteigen

Die praktische Anwendung dieses Modells ist nicht ganz leicht, weil sie eine hohe Selbstakzeptanz und somit geringe Selbstzweifel voraussetzt. Rosenbergs Ansatz sieht vor, aus einer Kritik, Schuldzuweisung oder Anklage immer die Not des anderen, seine Probleme und Gefühle herauszufiltern beziehungsweise zu erkennen. In einem aggressiven Ton formulierte Äußerungen setzen zunächst stets eine Information, aus welcher wir zuerst etwas über die sendende Person selbst und erst in zweiter Linie eine Aussage über mich oder unsere Beziehung erfahren, frei.

Rosenberg wendet das Modell nicht nur für die eigene Situation, sondern auch für die des Gesprächspartners an: Was sind dessen Gefühle, Bedürfnisse und – verborgene – Bitten? Sie sind Ausdruck seiner nicht gestillten Bedürfnisse – nach Zuwendung, nach Beachtung, nach Ressourcen aller Art. Und diesen möchte er mit »Empathie« begegnen, mit respektvollem, vorurteilsfreiem Bemühen um ein Verständnis für die emotionalen Regungen des Partners. Genau hier ist die Schwierigkeit bei der Umsetzung der Idee des Modells zu finden: Wie gehe ich mit meinen eigenen Emotionen der Betroffenheit, der Wut, des Gefühls, ungerecht behandelt worden zu sein. Kann ich mich innerlich so weit zurückziehen, meine eigenen Gefühle in dem Maße reduzieren, dass ich nicht in den Automatismus von Verteidigung oder Gegenaggression verfalle? Rosenberg empfiehlt: präsent sein, atmen, innere Distanz einnehmen. Innere Distanz zu einem Konflikt zu gewinnen ist der Schlüssel zum konstruktiven Konfliktmanagement. In einer Realsituation, die mich emotional stark belastet, ist das allerdings ungleich schwerer, als wenn man die Rolle als Vermittler oder professioneller Mediator innehat. Dazu braucht es viel Übung und Erfahrungswerte, von einer verbalen Aggressionsattacke eines Gesprächspartners emotional infam beeinträchtigt zu werden, um solche Verbalattacken auch ohne gleichwertige

Gegenargumentation beziehungsweise Defensivstrategien bewältigen zu können.

Ein Beitrag zum Frieden

Bei allen auftretenden Konfliktsituationen, welche die Umsetzung der gewaltfreien Kommunikation in der Praxis bedürfen, sind Rosenbergs Gedanken wertvoll. Es würde der Menschheit »zum Ruhme« und vor allen Dingen den kommunikativen zwischenmenschlichen Beziehungen sehr von Vorteil sein, wenn wir wieder lernen würden miteinander fried- und liebevoll – mit viel Raum für gegenseitige Bitten – umzugehen; nach dem Originalzitat aus dem weltbekannten Lied »Imagine« von John Lennon: »Give peace a chance«. Konflikte würden dadurch vielfach erst gar nicht entstehen. Wo sie dennoch aufkeimen, werden sie konstruktiv bewältigt – unter Beachtung der vitalen Bedürfnisse der Betroffenen.

Definitiv ist es ein Beitrag zum Weltfrieden, wenn gewaltfreie Sprache und gewaltfreies Denken Einzug in die Herzen und Denkweise der Menschen hält. Rosenberg versteht seine Arbeit auch als Teil einer weltweiten Friedensbewegung, wo der Friede im Einzelnen entsteht und weitergetragen wird. Daher ist es in höchstem Maße erstrebens- und vor allen Dingen lebenswert friedvoll, mit Respekt und Wertschätzung unseren Mitmenschen zu begegnen, denn daraus reflektiert ein kumulatives »Geben und Nehmen«. Originalzitat aus dem Film: »Schindler's Liste«: »Wer nur ein Menschenleben rettet, rettet die ganze Welt.«

Testen Sie sich!

Nach Marshall Rosenbergs Kommunikationsmodell verbirgt sich hinter jeder verbalen Aggression ein unerfülltes menschliches Bedürfnis. Versuchen Sie dieses »versteckte« Bedürfnis zu entdecken!

Aggressive Äußerung	**»Verstecktes« Bedürfnis**
1. Zum Nachbarn: »Der Lärm in Ihrer Wohnung ist nicht auszuhalten. Ich werde die Polizei rufen!«	
2. Vater zum Sohn: »Wenn du nicht endlich dein Zimmer aufräumst, bekommst du Fernsehverbot für die nächsten drei Monate!«	
3. Chef zum Mitarbeiter: »Sie schlampiger Mistkerl!«	
4. Jugendlicher zu anderem Jugendlichen: »Wenn du nicht endlich damit aufhörst, mit Clarissa zu flirten, kriegst du eine aufs Maul!«	
5. Mann zur Partnerin: »Wenn dieses Wochenende wieder deine Mutter zu Besuch kommt, ziehe ich aus!«	

Aggressive Äußerung	»Verstecktes« Bedürfnis
6. Mutter zur Tochter: »Dein so genannter Freund ist der übelste Geselle, der mir je begegnet ist. Ich will den Kerl nie mehr sehen!«	
7. Erboster Schulwart zum Schüler: »Wenn ich dich in der Schule noch einmal mit Straßenschuhen erwische, kracht es!«	
8. Patient zur Krankenschwester: »Jedes Mal, wenn ich läute, dauert es eine halbe Stunde, bis Sie endlich kommen! Ich werde mich beim Chefarzt über Sie beschweren!«	
9. Krankenschwester zum Patienten: »Jetzt läuten Sie schon zum dritten Mal wegen einer solchen Lappalie. Wenn Sie so weitermachen, werde ich überhaupt nicht mehr reagieren!«	
10. Ehemann zur Ehefrau: »Was fällt dir ein, schon wieder die Nachbarn einzuladen! Du hast wirklich nur Klatschen im Sinn!«	

Lösungsvorschläge finden Sie im Anhang auf Seite 245.

Kommunikation mit vier Ohren

Jede zwischenmenschliche Kommunikation ist anfällig für Störungen. Das Vier-Ohren-Modell des Kommunikationswissenschaftlers Friedemann Schulz von Thun demonstriert eindrucksvoll, wie schnell es zu Missverständnissen kommen kann. Speziell bei Mitmenschen, welche glauben, in der Lage zu sein, verbale »Zwischentöne« aus Formulierungen herausfiltern zu können, kann auch eine wohlgesinnte Äußerung, subjektiv betrachtet und empfunden, falsch interpretiert und »aus dem Kontext gerissen« aufgefasst werden.

Schulz von Thuns Modell beschreibt die Mehrschichtigkeit jeder menschlichen Botschaft. Während Paul Watzlawick nur von der Inhalts- und Beziehungsebene jeder Kommunikation spricht, erweitert Schulz von Thun dieses Modell um vier weitere Aspekte. Seiner Beobachtung nach enthält jede Nachricht vier Botschaften:

- den Sachinhalt,
- die Selbstoffenbarung,
- die Beziehung und
- den Appell.

Ein Beispiel: Der Ehemann gibt der am Steuer des Autos sitzenden Ehefrau gute Tipps: »Du, da vorne an der Ampel ist es grün.« Die Ehefrau erwidert: »Fährst du, oder fahre ich?«

Die Frau kann die Aussage ihres Ehemannes folgendermaßen auffassen:

Als Sachinformation: Wie ist der Zustand der Ampel?
Als Selbstoffenbarung: Er hat es offensichtlich eilig.
Als Beziehungsbotschaft: Er traut mir nicht zu, alleine Auto zu fahren. Oder: Er hält mich für zu dumm, auf die Ampel zu schauen.
Als Appell: Bitte gib Gas! Fahr schon endlich!

In unserem Beispiel reagiert die Frau offenbar auf dem Verständnis einer Beziehungsbotschaft. Sie wehrt sich gegen die Zweifel an ihrer Qualifikation als Autofahrerin.

Das Beispiel zeigt auf, dass jede Nachricht vom Empfänger vielfältig verstanden werden kann, unabhängig davon, wie sie vom Sender rhetorisch beabsichtigt war. Neben der rein verbalen Information spielen auch Gesten, die Mimik und der Tonfall eine große Rolle, wie der Empfänger die Information interpretiert. Begleitet zum Beispiel der Beifahrer seine Äußerung mit einer abfälligen Geste, wird die Botschaft anders verstanden, als wenn er dabei auf die Uhr schaut.

Will man Störungen und Missverständnisse schützen, lohnt sich die Anwendung folgender Methoden:

- Beachten Sie die Sensibilität der Menschen, mit denen Sie kommunizieren, filtern Sie Zwischentöne bei Formulierungen heraus, beziehungsweise lernen Sie die »Lieblingsohren« Ihrer Gesprächspartner kennen.

- Beachten Sie die nonverbalen Reaktionen, welche die Äußerung begleiten.

- Sind Botschaften für Sie missverständlich formuliert, klären Sie den sachlichen und emotionalen Inhalt beziehungsweise wie genau der Gesprächspartner diese Aussage gemeint hat.

Das ausgeprägte Beziehungsohr

Ich beobachte sehr oft, dass das Beziehungsohr vieler Menschen besonders ausgeprägt ist. Dann reagieren unsere Gesprächspartner verteidigend oder beleidigt bei Äußerungen, die wir – natürlich subjektiv betrachtet – ganz sachlich gemeint haben. Verfügt der Gesprächspartner über ein ausgeprägtes Appellohr, wird er auf informativ gemeinte Botschaften vielleicht sofort mit einer Handlung reagieren. Sie fragen beispielsweise: »Was zeigt das Thermometer an?«, worauf der Angesprochene sofort aus seiner vielleicht bequemen Ruhestellung aufspringt und das Fenster schließt.

Ein Beispiel für ein ausgeprägtes Beziehungsohr

Ein Mann (zunächst Sender) und eine Frau (zunächst Empfängerin) sitzen beim Abendessen. Mann: »Da ist etwas Grünes in der Suppe.« Die Frau antwortet: »Wenn es dir nicht schmeckt, kannst du ja selber kochen.«

Sender

Sachebene	*Da ist etwas Grünes.*
Selbstoffenbarung	*Ich weiß nicht, was es ist.*
Beziehung	Du solltest es wissen.
Appell	Sag mir bitte, was es ist!

Empfänger

Sachebene	*Da ist etwas Grünes.*
Selbstoffenbarung	*Du weißt nicht, was das Grüne ist, und das bereitet dir Unbehagen.*
Beziehung	*Er hält meine Kochkunst für fragwürdig.*
Appell	*Ich soll künftig nur noch kochen, was er kennt!*

Für einen Außenstehenden ist es zunächst gar nicht einfach zu erkennen, ob die Frage nach dem Inhalt der Suppe wirklich als »harmlose« Frage gemeint, oder ob es eine verklausulierte Bosheit oder Kritik war. Hier spielen die Beziehungssituation, die gemeinsame Geschichte, »offene Rechnungen«, unaufgearbeitete Konflikte, et cetera eine entscheidende Rolle.

Mit welchem Ohr hört der andere?

In vielen Fällen kennt man die Lieblingsohren des Gesprächspartners nicht. Dann ist es besonders wichtig zu überprüfen, wie denn der andere eine Äußerung interpretiert und wertet, also auf welchem Ohr er besonders sensibel hört. Dabei ist das Beobachten der nonverbalen Signale hilfreich. Wenn auf dem Beziehungs- oder Appellohr gehört wird, zeigen sich schnell emotionale, nonverbale Siganle. Merkt man als Sender, dass der Empfänger eine ungewöhnliche nonverbale Reaktion zeigt, kann man nachfragen oder das Missverständnis durch eine klare Äußerung schnell aus der Welt schaffen.

Bei thematisch sensiblen Botschaften, welche missverstanden werden können (zum Beispiel bei sachlicher Kritik in beruflichen Situationen), erweist es sich als hilfreich, vorher zu sagen, wie man diese verstanden wissen will. »Ich frage Sie, weil ich es leider wirklich nicht weiß – wo ist der rote Aktenordner?« Oder: »Mir ist nicht kalt, ich bin nur neugierig, wie hoch die Zimmertemperatur momentan ist.« Man schiebt damit gewissermaßen die Metakommunikation (also die Art, wie man seine Botschaft verstanden wissen will) vor die tatsächliche Botschaft und kann so ein unproduktives Missverständnis verhindern.

»Der Sprechende mag ein Narr sein, Hauptsache, der Zuhörer ist weise.« Lao Tse

In Konfliktsituationen ist es sehr hilfreich, aggressive Äußerungen des Gesprächspartners erst einmal gar nicht an sich heranzulassen, sondern zunächst mit dem »Selbstoffenbarungsohr« zuzuhören. Was sagen die Art zu sprechen, die Formulierungen, die Aggression, die Wut, die wir beim anderen spüren, über dessen Situation, seine Probleme oder seine Ängste aus? Vielleicht steht er gerade unter so großem Druck, dass er im Moment gar nicht anders kann, als sich aggressiv zu verhalten. Unter Umständen ist es ein Ausdruck seiner augenblicklichen Sorgen und Ängste.

Möglicherweise empfindet er sich in diesem Moment selbst als ein Opfer widriger Umstände, sein vorgeschütztes Verhalten ist lediglich die Reaktion auf Angstgefühle und die damit verbundene Ausschüttung von Stresshormonen. Wenn ich mir klarmache, dass das »Problem« für ein derartiges Verhalten beim Sender liegen kann – bevor ich es mir selbst »zu Herzen nehme« –, kann ich nicht nur leichter ruhig bleiben, ich eröffne mir damit auch die Chance, dem Gesprächspartner mit Zuwendung, Hilfsbereitschaft und Verständnis zu begegnen. Darüber hinaus reduziert das Hören auf dem Selbstoffenbarungsohr das Risiko, dass der Konflikt eskaliert.

Testen Sie sich!

Finden Sie die möglichen vier Interpretationen der jeweiligen Botschaft heraus.

Nachricht	**Verstehensmöglichkeit**
Chef zur Sekretärin: »Frau Müller, ist der Brief schon fertig?«	Sachinformation
	Selbstoffenbarung
	Appell
	Beziehungsbotschaft

Nachricht	**Verstehensmöglichkeit**
Ehemann zur Ehefrau: »Ich habe Hunger!«	Sachinformation
	Selbstoffenbarung
	Appell
	Beziehungsbotschaft
Verliebter Mann zur Freundin: »Paris ist eine schöne Stadt.«	Sachinformation
	Selbstoffenbarung
	Appell
	Beziehungsbotschaft
Kollege zur Kollegin: »Wir haben noch zwei Stunden Zeit für den Bericht.«	Sachinformation
	Selbstoffenbarung
	Appell
	Beziehungsbotschaft

Nachricht	Verstehensmöglichkeit
Freundin zur Hausfrau: »Dein Kaffee schmeckt großartig!«	Sachinformation
	Selbstoffenbarung
	Appell
	Beziehungsbotschaft
Ehemann zur Ehefrau: »Ich habe noch zu arbeiten und gehe jetzt in mein Zimmer.«	Sachinformation
	Selbstoffenbarung
	Appell
	Beziehungsbotschaft
Kollegin zur Kollegin: »Ist das Fenster offen?«	Sachinformation
	Selbstoffenbarung
	Appell
	Beziehungsbotschaft

Nachricht	Verstehensmöglichkeit
Büroleiter an alle: »Rauchen ist ungesund!«	Sachinformation
	Selbstoffenbarung
	Appell
	Beziehungsbotschaft
Abteilungsleiter zum Mitarbeiter: »Der Kostenvoranschlag erscheint mir zu optimistisch!«	Sachinformation
	Selbstoffenbarung
	Appell
	Beziehungsbotschaft
Kind zur Mutter: »Das Eisgeschäft an der Ecke hat wieder offen.«	Sachinformation
	Selbstoffenbarung
	Appell
	Beziehungsbotschaft

Lösungen finden Sie im Anhang auf Seite 246.

Verhandeln mit Fairness

Tatsächlich finden wir uns jeden Tag in den unterschiedlichsten Verhandlungssituationen wieder – privat und beruflich, ob nun daheim darüber gesprochen wird, wohin der nächste Familienurlaub gehen soll, ob Sie mit Ihrem Vorgesetzten Ihre Beförderung diskutieren oder ob mit einem Interessenten über den Kaufpreis Ihres Autos. In all diesen und vielen anderen Situationen ist Ihr Verhandlungsgeschick gefragt.

Wie gut es Ihnen gelingt, Ihre eigenen Interessen durchzusetzen, ohne die Ihres Verhandlungspartners – im Sinne eines fairen Ausgleichs – aus dem Blick zu verlieren, wird Ihre Lebenszufriedenheit und Ihren beruflichen Erfolg entscheidend mitbestimmen. Es lohnt sich also, Verhandlungen künftig noch bewusster und zielorientierter anzugehen als bisher und zugleich ein besseres Verständnis für die Positionen seines Gegenübers zu gewinnen.

Im Folgenden stelle ich Ihnen *den* klassischen Leitfaden der Verhandlungsführung vor, der seine Wirksamkeit bei heftigen Konflikten immer wieder bewiesen hat: das »Harvard-Konzept« des sachbezogenen Verhandelns. Harvard-Konzept deshalb, weil es vor rund 25 Jahren von einem Forschungsteam der Harvard-Universität entwickelt wurde. Einer der Väter des Projekts, Professor Roger Fisher, war unter anderem als Friedensunterhändler in El Salvador erfolgreich und hat als Berater das Ende des Apartheidregimes und die friedliche Machtübergabe in Südafrika begleitet.

Beispiel

Herr Schmidt und Frau Müller sitzen in der öffentlichen Bibliothek. Beide haben sich in ihr Buch vertieft. Die Raumtemperatur in der

Bibliothek beträgt plus 24 Grad, die Außentemperatur plus 15 Grad. Plötzlich steht Herr Schmidt auf und öffnet das Fenster. Kaum sitzt er wieder, steht Frau Müller auf und schließt das Fenster. Herr Schmidt sagt: »Bei dieser stickigen Luft kann ich mich nicht konzentrieren. Das Fenster muss offen bleiben!« Frau Müller antwortet: »Ist das Fenster offen, wird es rasch unerträglich kalt. Da kann ich mich nicht mehr konzentrieren. Das Fenster muss geschlossen bleiben!« Zwei gegensätzliche Positionen. Was ist zu tun?

Genau wie in unserem Beispiel werden zunächst einmal Positionen bezogen und dann darüber diskutiert oder verhandelt. Fenster auf oder Fenster zu. Sie können das auch bei vielen anderen Geschäftsverhandlungen beobachten. Sehr oft wird von beiden Seiten zuerst eine klare Position bezogen. Die meisten Menschen sind immer noch der unumstößlichen Meinung, dass diese Art des Ablaufs gut und wichtig sei. Häufig ist dies aber nur ein Zeichen von Schwäche.

Die Empfehlung des Harvard-Konzepts lautet: Suchen Sie bei Verhandlungen das gemeinsame Motiv, die gemeinsamen Interessen. Fragen Sie sich selbst: Aus welchen Gründen möchte ich meine Position durchgesetzt haben?

Herr Schmidt, aus unserem Beispiel, benennt seine Gründe: »Das Fenster muss offen sein, damit ich frische Luft bekomme, und ich brauche frische Luft, damit ich konzentriert arbeiten kann.« Frau Müller benennt ihre Motive folgendermaßen: »Das Fenster muss geschlossen bleiben, damit ich es weiterhin schön warm habe, es nicht zieht und damit ich konzentriert arbeiten kann.« Beide nach ihren jeweiligen Gründen gefragt, stellen nun fest, dass sie trotz ihrer völlig unterschiedlichen »Fensterpositionen« ein gemeinsames Interesse gefunden haben: konzentriert arbeiten.

Der Harvard-Tipp lautet hier:

- Starten Sie Ihre Verhandlung auf der Sachebene und bringen Sie diese auf den Punkt.

- Diskutieren Sie mit Ihrem Partner dann möglichst mehrere Vorstellungen/Lösungen.

- Suchen Sie anschließend die beste Lösungsmöglichkeit. Wenn dabei Schwierigkeiten auftreten, sprechen Sie abermals über die gemeinsamen Interessen.

Und wie ist die Geschichte mit dem Fenster ausgegangen? Herr Schmidt und Frau Müller sind mit den gemeinsam entwickelten Vorstellungen über eine Lösung einen großen Schritt weitergekommen: Das Fenster in der Bibliothek blieb geschlossen. Dafür wurde das Fenster in einem Nebenraum geöffnet. Die Türe zum Nebenraum blieb offen. Resultat: frischere Luft, keine große Abkühlung.

Weich zum Menschen – hart in der Sache

Beim Verhandeln geraten die meisten Menschen sehr schnell ins Dilemma. Viele kennen meist nur zwei Verhandlungsarten: die harte und die weiche. Wer weich verhandelt, will persönliche Konflikte vermeiden und arrangiert sich daher eher mit Zugeständnissen, um so eine friedliche Übereinkunft zu erzielen. Oft endet das allerdings mit dem bitteren, einseitigen Gefühl, ausgenutzt zu werden.

Wer hingegen ausschließlich hart verhandelt, betrachtet jede Situation als einen Willenskampf, in dem jene Seite bessere Vorteile wahrnimmt, eine extremere Position einnimmt und vermeintlich länger durchhält. Er will also gewinnen, doch das endet oft damit, dass er mit einer ebenso harten Argumentation konfrontiert wird, seine psychischen Argumentationsvorräte sich physikalisch erschöpfen und die Beziehung zum Verhandlungspartner in destruktive Mitleidenschaft gezogen wird. Und jetzt kommt die gute Nachricht: Es gibt noch einen Mittelweg, den man weder als sanft noch als hart bezeichnen kann, sondern als ein effizientes Mittelmaß aus beiden Varianten.

Diese Methode des »sachbezogenen Verhandelns« besteht darin, Streifragen vorzugsweise nach ihrer Bedeutung und nach ihrem Sachgehalt zu entscheiden. In einem Prozess des Verhandelns suchen beide Partner nach einem für sie zufriedenstellenden Kompromiss, um eine Win-win-Situation herzustellen. Dabei wird so weit wie möglich auf einen gegenseitigen Nutzen hingearbeitet, und in jenen Berührungspunkten, wo Interessen einander widersprechen, wird darauf bestanden, dass das Ergebnis auf fairen Prinzipien beruht. Die Methode des sachbezogenen Verhandelns ist hart in der Sache und gleichzeitig weich gegenüber den Menschen. Sie benutzt keine Tricks und will nicht imponieren.

Die Prinzipien des erfolgreichen Verhandelns:

1. Menschen und deren Problemstellungen sind strikt voneinander getrennt zu betrachten.

2. Es zählen die Interessen der Verhandlungspersonen, nicht deren Positionen.

3. Es gilt für sich selbst und gemeinsam mit den Verhandlungspartnern Alternativen zu entwickeln, die für beide Parteien Vorteile bringen.

4. Eine Einigung der Verhandlungspartner auf objektive Kriterien, an denen das Verhandlungsergebnis gemessen werden kann.

1. Menschen und Problemstellungen voneinander getrennt betrachten

Ganz gleich, ob Sie nun in Budgetverhandlungen sitzen, ob Sie mit einem Lieferanten über Preise und Abnahmemengen reden oder ob Sie mit Ihrem Vermieter über die geplante Mietpreiserhöhung verhandeln – Sie haben es nicht mit abstrakten Repräsentanten zu tun, sondern mit Menschen. Menschen, die von Gefühlen und Werten geleitet werden, die gegensätzliche Standpunkte vertreten und nicht unbedingt von vornherein berechenbar sind. Für Sie selbst gilt das übrigens ganz genauso. Dieser menschliche Aspekt kann beim Verhandeln nützen, aber auch stören. Ein enges persönliches Verhältnis, Vertrauen und Respekt lassen uns schneller nachgeben. Ärger, Angst und Frustration stehen einem konstruktiven Ergebnis im Weg.

Am effektivsten ist es daher, beim Verhandeln persönliche Beziehungen nicht mit sachlichen Auseinandersetzungen zu vermischen. Um das zu erreichen, müssen Sie Ihr Gegenüber zunächst einmal als Mensch verstehen. Denn nur dann können Sie verhindern, dass unterschiedliche Vorstellungen, Emotionen oder Missverständnisse eine gute sachgerechte Verhandlungslösung verhindern. Wenn die Vorstellungen nicht genau genug formuliert und unklar sind, suchen Sie nach einer Präzisierung. Wenn die Emotionen hochgehen, finden Sie Wege zum Abbau der Erregung. Gibt es Missverständnisse, klären Sie diese unverzüglich auf.

> **»Wenn man sonst nichts hat, will man recht haben.«**
>
> Jens Corssen

Die Beachtung der folgenden zwölf Regeln hilft Ihnen, Verhandlungen von persönlichen Konflikten zu befreien.

1. Versetzen Sie sich in die Lage des Gesprächspartners. Versuchen Sie seine Denkweise und seinen Standpunkt zu verstehen.
2. Sprechen Sie über die Wünsche und Vorstellungen beider Seiten.
3. Übernehmen Sie die Verantwortung für Ihre eigenen Probleme und versuchen Sie nicht, diese auf die Diskussionspartner abzuwälzen.
4. Beteiligen Sie die Gegenseite am Ergebnis: Achten Sie darauf, dass diese am Verhandlungsprozess mitbeteiligt ist.
5. Stimmen Sie Ihre Vorschläge auf das Wertesystem des anderen ab. Ermöglichen Sie ihm, »das Gesicht zu wahren«.
6. Artikulieren Sie Ihre Emotionen und erkennen Sie deren Berechtigung an.
7. Gestehen Sie dem Diskussionspartner emotionale Äußerungen zu, ohne sich in unfaire Verhandlungstaktiken hineinziehen zu lassen.
8. Benutzen Sie symbolische Gesten (zum Beispiel Händeschütteln, ein kleines Geschenk, eine Entschuldigung).
9. Hören Sie aufmerksam zu und geben Sie Rückmeldung über das, was gesagt wurde.
10. Artikulieren Sie so, dass man Sie auch versteht.
11. Reden Sie über sich, nicht über den Diskussionspartner.
12. Bauen Sie aktive Beziehungen auf und sind Sie bemüht, die Art und die Wesenszüge des Partners zu erkennen.

2. Auf Interessen konzentrieren, nicht auf Positionen

Um für beide Parteien befriedigende Ergebnisse zu erzielen, ist es ratsam, auch die »versteckten« Botschaften neben den offiziell formulierten Standpunkten Ihres Gesprächspartners zu erkennen: Was sind seine Interessen? Welches sind die wahren Motive für seine Position? Indem Sie über Interessen sprechen, kommen Sie einem Verhandlungsergebnis und einer Konfliktlösung in der Regel schnell näher. Vetreten Sie also Ihre Interessen mit Deutlichkeit!

Nur wenn auch Ihr Verhandlungspartner sie kennt, kann er auf Ihre Interessen eingehen.

Erkennen Sie zugleich die Interessen der Gegenseite als Teil des Problems (siehe Bibliotheksbeispiel). Wichtig dabei ist, nach vorne zu schauen und nicht zurück. Denn die Frage »Warum?« hat zwei Dimensionen. Die eine ist rückwärts gerichtet und fragt nach einer Ursache oder dem Grund und sieht unser Verhalten als bestimmt durch frühere Ereignisse. Die andere blickt nach vorne und sucht Ziele, sie betrachtet unser Verhalten als Konsequenz des freien Willens. Die Antworten auf letzteres »Warum?«, die zukunfts- und zielgerichteten Interessen, sind es, über die es sich zu verhandeln lohnt.

3. Entscheidungsmöglichkeiten zu beiderseitigem Vorteil entwickeln

Allzu oft geht es Verhandlungspartnern so wie den beiden sprichwörtlichen Schwestern, welche wegen einer Orangenfrucht in Streit geraten waren. Nachdem sie sich auf eine Lösung geeinigt hatten, halbierten sie die Frucht, wobei eine der Schwestern das Fruchtfleisch aß und die Schale wegwarf, die andere jedoch die Schale behielt, um sie als Zutat für einen Kuchen zu verwenden, und das Fruchtfleisch wegwarf.

In kurzen Worten gesagt: Nicht alle Verhandlungen führen auch stets zur vollständigen Zufriedenstellung beider Parteien; in oben aufgeführter Parabel hätten zum Beispiel beide Schwestern ein noch effektiveres Ergebnis erzielen können, indem sie sich beispielsweise auf Fruchtfleisch für die eine, Schale für die andere, geeinigt hätten. Als Grund dafür ist sicherlich zu nennen, dass viele Mitmenschen der vorgefassten Meinung sind, für fast alle Problemstellungen bereits eine jeweilige induktive »Patentlösung« anbieten zu können.

Bei Vertragsverhandlungen gehen dabei viele Mitmenschen davon aus, dass ihr jeweiliges Angebot auf objektiver Vernunftbasis agiert und daher auch angenommen werden sollte – im besten Fall mit dem Zugeständnis kleinerer Abänderungen beziehungsweise Korrekturen. Alle brauchbaren Antworten scheinen dabei auf einer geraden Linie zwischen der eigenen Position und der der Gegenseite zu liegen. Dieses vorschnelle Interpretieren, Werten und Beurteilen verhindert häufig einen kreativen Lösungsansatz mit einem mitunter für beide Seiten vorteilhafteren Ergebnis.

Um kreative Wahlmöglichkeiten zu entwickeln, ist wie folgt zu berücksichtigen:

1. Der Prozess zur Findung von Lösungsoptionen ist jedenfalls strikt von der Beurteilung derselben zu trennen.
2. Die Zahl der Optionen ist zu kumulieren, anstatt nach der »einen« Lösung zu suchen und demnach sich nur mit diesem Lösungsansatz zufrieden zu geben.
3. Kooperative Vorteile für alle Beteiligten implementieren.
4. Konziliante Vorschläge entwickeln, welche dem Verhandlungspartner die Entscheidung erleichtern.

Diese Punkte beinhalten die Kernaussage, dass völlig bewertungsfrei möglichst viele denkbare Alternativen zu entwickeln und anzubieten sind. Man kann, wie im oben aufgeführten Beispiel der zwei Schwestern, die Orangenfrucht eben nicht nur durchschneiden. Man kann diese, alternativ, auch schälen, auspressen oder gar einpflanzen und daraus einen Orangenbaum wachsen lassen. Die beste Verhandlungslösung finden Sie letztlich nur, wenn möglichst viele Alternativen ausgearbeitet werden können.

Eine weitere Beinträchtigung der Möglichkeit zur kreativen Problemlösung liegt in der Annahme, dass die diesbezüglichen Ressourcen – der »Kuchen« – begrenzt seien. Sie wollen beispielsweise von einem Lieferanten für Ihre Abteilung eine bestimmte Menge Büromaterial beziehen. Dann wird der Spielraum für Preisverhandlungen auf Verkäuferseite limitiert sein.

Wenn es Ihnen jedoch möglich ist, den Bedarf anderer Abteilungen zu erheben und die – somit zweifellos – viel größere Menge abnehmen, sind Sie somit in der besseren Ausganglage, einen höheren Rabatt dafür auszuhandeln.

Auch der Verkäufer profitiert davon, hat er doch einen ungleich höheren Umsatz erzielt und vielleicht sogar neue Kunden gewonnen. Ihre Verhandlungserfolge begründen sich darauf, dass Ihre Verhandlungspartner letztendlich Entscheidungen treffen, die in Ihrem Sinne/in Ihrem Interesse liegen. Dafür setzen Sie Ihre Verhandlungstechniken geschickt ein, um Ihrem Partner die Wahl für Entscheidungen diverser Optionen zu erleichtern. Offerieren Sie ihm effektive und kreative Möglichkeiten, welche für ihn stimmig und akzeptabel erscheinen – welche er in seiner inneren Landkarte finden und dadurch bejahen kann. Gegebenenfalls kann auch der Verweis auf einen »Präzedenzfall«, also einer Entscheidung, die aus der Historie heraus in einer ähnlichen Situation getroffen wurde, eine Möglichkeit bieten, Ihren Vorschlag zur Disputbereinigung anzunehmen.

4. Objektive Kriterien anwenden

Angenommen, der Geschäftsführer eines Krankenhauses will das Budget der Abteilung Innere Medizin um zehn Prozent reduzieren. Der medizinische Leiter des Fachbereichs hält dagegen, dass dies die medizinische Behandlungsqualität der Abteilung und des gesamten Hauses gefährden wird. Eine bloße Willensentscheidung kann hier teuer werden. Setzt sich der Geschäftsführer durch, müssen vielleicht tatsächlich die Patienten darunter leiden. Setzt sich der medizinische Leiter durch, ist möglicherweise die Chance auf ein effizienteres Arbeiten in der Abteilung und notwendige Kosteneinsparungen vertan. Sachbezogenes Verhandeln hingegen kann auf gütliche und wirkungsvolle Weise eine vernünftige Übereinkunft zustande bringen. Voraussetzung hierfür ist die Einigung auf objektive Kriterien. Das kann zum Beispiel ein Vergleich mit ähnlichen Fachabteilungen anderer Häuser oder das Gutachten eines unabhängigen Medizincontrollers sein.

Haben Sie erst einmal objektive Kriterien und Verfahrensweisen identifiziert, brauchen Sie in der Verhandlung nur noch vier Grundsätzen zu befolgen:

1. Formulieren Sie jeden Streitfall zur gemeinsamen Suche nach objektiven Kriterien um.
2. Argumentieren Sie vernünftig – achten Sie dabei auf Ihre Körperhaltung und Tonalität.
3. Verlieren Sie dabei nicht Ihren Standpunkt. Achten Sie jedoch auf die Kriterien der Diskutanten und deren wertschätzende Umsetzung zum gemeinsamen Lösungsansatz.
4. Geben Sie Druck und Drohungen nicht nach, beugen Sie sich nur sinnvollen Verfahrensprinzipien.

Warum Einigung so sinnvoll ist

Folgen Sie mir noch ins Reich der Geschichten. Diese sind häufig viel eindrucksvoller in der Lage, uns mitzuteilen, warum das Verharren auf einer Position nicht nur sinnlos, sondern sogar selbstschädigend sein kann. Der Unterschied ist in etwas so groß wie der Vergleich zwischen Himmel und Hölle.

Ein Mann sprach mit Gott über Himmel und Hölle. Gott sagte zu ihm: »Komm, ich will dir die Hölle zeigen.« Sie betraten einen Raum, in dem eine Gruppe von Leuten um einen riesigen Topf mit

Essen saß. Jeder Einzelne sah ausgehungert, verzweifelt und geschwächt aus. Alle hielten einen Löffel in der Hand, mit dem sie zwar aus dem Topf schöpfen konnten, aber sein Stiel war länger als ihre Arme, sodass sie ihn nicht zum Mund führen konnten. Sie alle litten entsetzlich. »Komm, nun will ich dir den Himmel zeigen«, sagte Gott nach einer Weile. Sie betraten einen anderen Raum, der dem ersten genau glich – der Topf mit Essen, die Gruppe von Leuten, dieselben langstieligen Löffel. Aber alle, die da saßen, sahen glücklich und wohlgenährt aus. »Das verstehe ich nicht«, sagte der Mann. »Warum sind sie hier alle so glücklich und im anderen Raum so elend dran, obwohl doch in beiden alles gleich ist?« Gott lächelte. »Ganz einfach«, erwiderte er, »die hier haben gelernt, dem anderen zu essen zu geben.«

»Ja, aber ...« – und was Sie daraus machen können

In gewissem Sinne sind wir alle beruflich und privat mit dem Thema »Verkaufen« konfrontiert. Jeder von uns will etwas verkaufen: ein Produkt, eine Dienstleistung, eine Idee. Und früher oder später machen wir in diesem Zusammenhang Bekanntschaft mit Einwänden und Vorwänden.

Einwände sind Chancen

Jeder Verkäufer kennt so eine Situation: Sie haben ein Angebot gemacht, es nachverhandelt, Sie wähnen sich kurz vor dem Abschluss. Plötzlich äußert der Kunde einen Einwand. Jetzt gilt es ruhig und entspannt zu bleiben und mit dem Einwand gekonnt umzugehen.

Einwände sind Chancen, sozusagen Wegweiser zum Abschluss eines Geschäfts. Sie zeigen auf, dass weiterhin Interesse an Ihrem Angebot besteht. Freuen Sie sich also darüber, wenn der Kunde Einwände hat. Er zeigt Ihnen, dass Sie zumindest bis jetzt in Ihrem

Gespräch alles richtig gemacht haben. Das klingt zwar paradox, aber überlegen Sie: Ein Kunde, der sich die Mühe macht, einen Einwand zu formulieren, interessiert sich für Ihr Angebot. Er ist also im Grunde kaufwillig. Ein Kunde ohne Einwände sollte Sie misstrauisch machen. Einwände haben zudem eine ausgesprochen wertvolle Funktion: Sie zeigen Ihnen, worauf es dem Kunden ankommt. Sie müssen diese versteckten Hinweise nur erkennen und im Verkaufsgespräch richtig darauf eingehen.

Begrüßen Sie also jeden Einwand des Kunden, wertschätzen Sie ihn und quittieren Sie ihn positiv: »Wie gut, dass Sie danach fragen!«, »Danke, dass Sie darauf zu sprechen kommen!«, »Schön, dass Sie darauf hinweisen!«. Sie selbst sprechen übrigens nie von einem Einwand, sondern stets nur von Fragen, Hinweisen, Aspekten, Argumenten, Bedenken.

Diese Gesprächsphase birgt die Gefahr eines aufkeimenden Konflikts, wenn plötzlich die Positionen sehr unterschiedlich sind. Da heißt es für Sie Ruhe bewahren. Gönnen Sie sich eine kurze Pause und atmen Sie unmerklich tief durch, dann gewinnen Sie Gelassenheit. Senken Sie Ihre Stimme, sprechen Sie langsam. Wer mit erhobener Stimme spricht, zeigt, dass er die Fassung verloren hat. Lassen Sie sich nicht auf einen Konflikt ein!

Einwände sind Kaufsignale

Mit einem Einwand signalisiert Ihnen der Kunde, dass er nach wie vor am Angebot interessiert ist. Sein Einwand kann verschiedene Ursachen haben:

Ein Know-how-Defizit

Der Kunde wendet ein, Produkt XY sei bei Anbieter X um so und so viel billiger. Bei genauem Hinsehen stellt sich heraus, dass Anbieter X sämtliche Zusatzleistungen (Lieferung, Montage) extra berechnet. Oder: Der Kunde hat irgendwo gehört, dass ein Babysitz nicht auf der Beifahrerseite montiert werden darf, wenn das Auto über einen Beifahrerairbag verfügt. Er weiß vielleicht nicht, dass dieser Airbag bei Bedarf ausgeschaltet werden kann.

Das Know-how-Defizit dient der weiteren Verkaufsargumentation. Wem Informationen fehlen, der kauft nicht. Fragen Sie nach, ob Ihr Kunde alle für seine Entscheidung notwendigen Informationen (richtig verstanden) hat. Die Aussage »Das eilt doch nicht!« könnte bedeuten: »Bitte, ich brauche noch Argumente. Erläutern Sie mir genau, warum ich mich gleich hier und jetzt entscheiden sollte!«

Ein Tipp: Vermeiden Sie Formulierungen wie »Das haben Sie falsch verstanden ...«, »Da haben Sie sich aber verhört ...« und »So habe ich das nicht gesagt ...«.

Ein wahrheitsgemäßer Einwand

Der Kunde ist bereits dabei, sich für ein bestimmtes Auto zu entscheiden, und kommt im letzten Augenblick darauf, dass seine Garage zu klein für das große Auto ist. Das ist eine gute Information für den Verkäufer, sofort ein anderes Modell vorzuschlagen, das anstandslos in die Garage passt. Oder: Sie bieten einer Kundin ein Kleid an, von dessen Material sie weiß, dass es allergische Reaktionen bei ihr auslöst. Oder: Das von Ihnen angebotene Produkt kostet um die Hälfte mehr, als der Kunde ausgeben kann oder will. Erliegen Sie nicht der Verführung eines »Überredungsversuchs«. Von Argumenten wie »Ja, das ist zwar mehr, als Sie ausgeben wollten, aber Sie werden es nicht bereuen« oder »Sie sind zwar allergisch gegen Wolle, aber durch die 20-prozentige Baumwollmischung werden Sie von der Wolle gar nichts mehr spüren« ist abzuraten. Sie werden bei der Kundin/beim Kunden schlecht ankommen, vor allem, weil sie/er sich mit ihrem/seinem Einwand nicht ernst genommen fühlt.

Ein taktischer Einwand

Taktische Einwände kommen meist dann, wenn der Kunde den Preis drücken will. Zuerst erklärt er sich prinzipiell einverstanden, dann beginnt er zu paktieren, dass er da und dort noch investieren muss. Er versucht den Wert der Ware zu schmälern, um bei der Preisverhandlung die »besseren Karten« zu haben. Zum Beispiel: »Ja, die Wohnung ist sehr ansprechend, aber der Fußboden ist nicht nach meinem Geschmack. Da werde ich bestimmt noch einmal 5000 Euro investieren müssen, bevor ich einziehen kann.« Oder beim geplanten Ankauf eines Gebrauchtwagens: »Das Auto gefällt mir, aber die Farbe ist schrecklich. Wenn ich den Wagen nehme, werden wohl noch die Kosten fürs Umlackieren dazukommen.«

Mit Einwänden umgehen

Gegenfrage

In der Praxis werde ich immer wieder mit Bedenken und Einwänden der Kunden konfrontiert, welche so allgemein gehalten sind, dass auch eine passende Antwort der Kreativität bedarf. Wenn der Kunde behauptet: »Alle eure Produkte sind so mies oder teuer!« Oder: »Im Schadensfall zahlt die Versicherung dann meist doch nie!« Dann stecken Generlisierungen dahinter. Stellen Sie sich intuitiv die Frage: »Wirkliche alle – nie?« In diesen Fällen können Sie nur nachfragen: »Wie kommen Sie zu dieser Einschätzung?«, »Was brauchen Sie noch an Informationen?« Mit diesen Fragen übernehmen Sie wieder die Gesprächsführung, gewinnen Zeit und häufig auch noch wertvolle zusätzliche Informationen. Durch die Gegenfrage jedoch erkennt der Kunde, dass seine Äußerungen realitätsfremd und ineffizient sind.

Referenzmethode

Besonders bei exklusiveren Anschaffungen sind viele Kunden unsicher, da man sich zum Beispiel ein Haus oder eine Wohnung nicht so oft im Leben kauft. Da vielen hier die Routine und Kompetenz fehlt, möchten wir konstruktive Beratung und Entscheidungshilfen. Ihre potenzielle Käuferin/Ihr potenzieller Käufer sucht nach Sicherheit und sucht Bestätigung, dass sie/er die richtige Wahl getroffen hat. So kann der Kunde beispielsweise fragen: »Woher soll ich wissen, dass Ihr Produkt/Haus/Auto wirklich hält, was es verspricht?« Das ist kein Einwand im klassischen Sinn, schon eher ein Hilferuf an den Verkäufer: »Ich will das Produkt ja kaufen, also bestätige bitte, dass ich damit richtig liege!«

Wenn Sie gut vorbereitet sind, haben Sie eine passende Antwort parat: »Sehr gut, dass Sie diesen Punkt ansprechen. Die Stiftung Warentest hat einen Dauertest durchgeführt, und dieses Produkt/Haus/Auto wurde als eines der besten bewertet.« Bedienen Sie ihn mit allen Referenzen, die Sie zur Verfügung haben. Zitieren Sie Studien, neueste Erkenntnisse oder Marktforschungen und legen Sie ihm diese, wenn möglich, vor. Sie können auch mit individuellen Referenzen arbeiten: »Sie kennen doch die Firma/die Familie/Herrn Ingenieur XYZ. Ich habe hier ein Referenzschreiben, aus dem klar hervorgeht, dass die von Ihnen bezweifelten Fakten von uns erfüllt werden. Schauen Sie sich das bitte an ...!«

Umwandlung

Die Umwandlung ist eine der elegantesten Varianten der Einwandbehandlung. Hier wird davon ausgegangen, das jeder Einwand zwei Botschaften enthält. Häufig spricht der Kunde klar aus, was ihm nicht gefällt, und teilt Ihnen »zwischen den Zeilen« mit, was er gerne haben möchte. Statt auf die Botschaft einzugehen, was der Kunde nicht will, reagieren Sie darauf, was der Kunde wünscht.

Wendet der Kunde beim Kauf eines Kopiergeräts beispielsweise ein, dass der einzelne Kopiervorgang lange dauert, reagieren Sie auf den unausgesprochenen Wunsch mit der Frage: »Verstehe ich Sie richtig, dass Sie ein leistungsstärkeres Modell suchen?« Oder: Der Kunde wendet beim Autokauf ein: »Der Kofferraum ist aber klein.« Sie fragen sofort nach: »Sie wollen ein Auto mit einem größeren Kofferraum? Was wollen Sie denn alles einladen?«

Vermeiden Sie Diskussionen darüber, was der Kunde nicht will, sondern beachten Sie nur seinen Wunsch. Sie werden bemerken, dass Sie sofort wieder die Gesprächsführung übernehmen und mit dem Kunden gemeinsam Überlegungen anstellen, wie dieser zu dem Produkt kommt, welches seinen Vorstellungen entspricht.

Einwandisolierung

Der Kunde sagt beispielsweise: »Das Auto gefällt mir gut, und es ist mir wichtig, dass es eine Klimaanlage hat. Gerne hätte ich auch noch eine Automatikschaltung.« Als guter Verkäufer werden Sie jetzt alle Vorzüge in den Vordergrund stellen und das »Manko« isolieren.

Erarbeiten Sie gemeinsam mit dem Kunden eine Plus-minus-Liste und heben Sie deutlich den Nutzen für den Kunden heraus: »Betrachten wir doch mal gemeinsam, welche Punkte für Sie welchen Stellenwert haben. Wir notieren nun alles, was Ihnen wichtig ist, auf der linken Seite eines Blattes. Danach geben Sie bitte selbst eine chronologische Bewertung der einzelnen Punkte ab, und wir erarbeiten entsprechende Alternativvorschläge, die wir auf der rechten Seite ebenfalls aufschreiben. Als Ergebnis dieser Analyse werden Ihnen Ihre Vorteile daraus schnell verdeutlicht und erkennbar sein.«

Vorwand statt Einwand

Manchmal konfrontiert Sie ein Kunde mit einem Einwand nach dem anderen. Kaum konnten Sie einen davon entkräften, kommt schon der nächste auf Sie zu. Erst ist die Leistung des Wagens zu wenig ausgefeilt, dann ist er womöglich zu teuer, dann gar zu wenig exklusiv, und an Ihren Antworten scheint er kein besonderes Interesse zu zeigen. Hier sollten Sie aufmerksam werden, denn vermutlich handelt es sich nicht um echte Einwände (die Kaufinteresse signalisieren), sondern um Vorwände. Diese bringt der Kunde, wenn es ihm gar nicht um das Produkt/die Leistung geht, sondern wenn er kaufunwillig ist.

- Er merkt, dass er sich das Gewünschte gar nicht leisten kann, gibt das in der »Öffentlichkeit« auch nicht zu.

- Er hat die Lust am Kauf verloren und möchte dies nicht kundtun.

- Er fühlt sich von Ihnen nicht gut betreut, oder findet Sie nicht sympathisch.

Das sind keine guten Voraussetzungen für ein positives Verkaufsgespräch. Richtig reagieren Sie hier, wenn Sie durch effektive Fragetechniken herausfinden, was sich hinter den Vorwänden verbirgt. Mit Sicherheit können Sie dann wieder in ein konstruktives Verkaufsgespräch einsteigen (etwa, indem Sie eine preisgünstigere Variante anbieten). Wenn Sie allerdings bemerken, dass das Gespräch nicht in die gewünschte Richtung gelenkt werden kann, geben Sie dem Kunden die Gelegenheit, sich unbeschadet zurückzuziehen. Bieten Sie etwa an, sich zum Beispiel nochmals allein umzusehen, oder geben Sie ihm Ihren Produktkatalog zur Ansicht für daheim mit. Dadurch geben Sie im die Gelegenheit, sich an Sie zu erinnern und wieder zu Ihnen zurückzukommen.

Wer fragt, der führt

Sinn- und stilvolle Fragen zu stellen ist eine Kunst. Fragen können niemals »dumm« sein, und konstruktive Fragen bedingen, dass man aktiv zuhört. Man signalisiert damit dem Gesprächspartner seine Wertschätzung, zollt ihm Respekt, wahrt das Interesse an seiner Person und schafft dadurch ein vertrauensvolles Gesprächsklima. Damit erhöhen sich die Chancen, wichtige Informationen und neue Perspektiven zu erlangen. Der Fragende ergreift nicht nur die Initiative, er erweckt mit seinen Worten auch bestimmte Assoziationen und Vorstellungen im Gegenüber. Der kluge Fragetechniker steuert jene Bilder, welche das Denken des anderen (eines Kunden) beeinflussen, mit.

Die geschlossene Frage

Eine »geschlossene« Frage erweist sich nur dann als sinnvoll, wenn diese im Zusammenhang mit Planung und Organisation eingesetzt wird und keine zusätzliche Information erwartet wird oder gewünscht ist. Eine »geschlossene« Frage lässt sich mit einem kurzen Ja oder Nein, einer Zahl oder eine Geste beantworten. Zum Beispiel: Frage: »Wollt ihr heute Mittag alle Brathuhn essen?« Antwort: »Ja oder nein!«

Die offene Frage

Die offene Frage zielt auf die Inhalte einer Situation oder nach dem grundlegenden Interesse der/des anderen ab. (»Was wollt ihr heute Mittag essen?«) Mit offenen Fragen (wer?, was?, wann?, wie?, welche?, wozu?) geben Sie dem Gesprächspartner individuellen Gestaltungsspielraum und erhalten häufig wichtige Informationen für den weiteren Verlauf des (Verkaufs-)Gesprächs. Fragen Sie lösungsorientiert!

Beispiele für zirkuläre-konstruktive Fragetechniken aus dem Coachingkontext

»Worum geht es Ihnen in dieser Angelegenheit?«

»Was wollen Sie uns über die Situation mitteilen?«

»Was ist für Sie jetzt das Wichtigste?«

»Wie kann ich Ihnen in dieser Sache weiterhelfen?«

»Womit kann ich Sie unterstützen, dass Sie pünktlich sind?«

»Was haben Sie schon getan, um das Problem zu lösen?«

»Was würden Sie Kolleginnen / Kollegen raten, wenn man an Sie mit dieser Aufgabenstellung herantritt?«

»Woran würden Sie merken, dass sich an der Situation etwas verändert / gelöst hat?«

»Was brauchen Sie dazu?«

»Was haben Sie aus diesen ›Fehlern‹ gelernt? Wofür waren und sind sie wichtig?«

»Wovor hat mich der ›Fehler‹ bewahrt – was ist und war das ›Gute‹ im vermeintlich ›Schlechten‹?«

»Kennen Sie jemanden, der mit einer solchen Situation konstruktiv umgegangen ist? Was hat dieser dabei getan?«

Ein wichtiges Frageziel ist es herauszufinden, was für die Gesprächspartnerin / den Gesprächspartner den Unterschied ausmacht zwischen ihren/seinen Erwartungen und den tatsächlichen Vorkommnissen. Selbst wenn jemand ernsthaft verstimmt ist und sich darüber erst beschwert, wenn das Problem schon nahezu unlösbar scheint, kann beispielsweise dadurch eingelenkt werden, indem sie/er gefragt wird: »Was kann ich/können wir das nächste Mal besser machen?«

»Manchmal ist die Frage wichtiger als die Antwort.« Plato

Hin und wieder erhält man im Laufe eines Gesprächs den Eindruck, dass eine Person noch etwas mitteilen möchte, was deren Gemütszustand schon eine Zeit lang beeinträchtigt, ohne dabei das Thema zu konkretisieren. Da Sie sicher keine unnötigen Gefühlsverwirrungen beim Gesprächspartner erwecken wollen, formulieren Sie die Frage daher positiv: »Was kann ich sonst noch zu Ihrem Wohlbefinden beitragen?« Oder: »Gibt es etwas, das ich (sonst noch) für Sie tun kann?«

Das sollten Sie vermeiden

Suggestivfragen

»Das ist doch genau richtig so, oder?«, »Glauben Sie nicht auch, dass ...?« Diese Art von Fragen manipulieren den anderen in eine bestimmte Richtung und kommen einer »Entmündigung« gleich.

Warum-Fragen

Kleine Kinder stellen gerne Fragen, wie zum Beispiel: »Warum steht die Sonne am Himmel?« Oder: »Warum ist die Banane krumm?« Irgendwann sind die Eltern durch die zunehmend schwieriger zu beantworteten Fragen mit ihrer Weisheit am Ende angelangt und reagieren auf die Fragen ihres Nachwuchses mit gereizter Stimme, weil sie sich entweder belästigt oder, häufiger noch, in die Enge getrieben fühlen. Als Verkäufer und im Berufsalltag generell sollte daher die »Warum-Frage« sparsam eingesetzt werden, da vergleichbare Reaktionen im Geschäftsleben zu erwarten sind. Sie bringen dadurch einen Verhandlungspartner unnötig in die Verteidigungs- und Rechtfertigungsposition. Das kann zu einer Verhärtung des Standpunkts führen. Die »Warum-Frage« zielt oft in die Vergangenheit, sie ist tendenziell konfliktträchtig.

Rhetorische Frage

Wenn die Antwort schon in der Frage begründet ist beziehungsweise wenn sich der Fragende die Antwort dadurch gleich selbst gibt, kann das auf das Gegenüber sehr schnell den Eindruck der Manipulation machen.

Als Frage getarnter Angriff

»Das meinen Sie doch nicht ernst, oder?« Solche oder ähnliche als Frage getarnte Attacken sind strikt zu vermeiden. Diese Frage wirkt wie eine Killerphrase und wird kaum zu einem förderlichen Gesprächsklima beitragen.

Eine Frage nach dem Wer, Was, Wann, Wie, Welche und Wozu zielt nach vorne und führt viel eher zu konstruktiven Vorschlägen. Manchmal kann auch eine Gegenfrage helfen, den Gesprächsfluss wieder in Gang zu bringen – etwa nach folgendem Vorbild: Ein Mann fragte einen Jesuitenpater: »Sagen Sie, Pater, stimmt es, dass die Jesuiten viel mit der Gegenfragetechnik arbeiten?« Antwort: »Wie kommst du darauf, mein Sohn?« Ein möglicher Einstieg in einen interessanten Dialog.

Zusammenfassung

- Aktives Zuhören ist die Basis jeder zwischenmenschlichen Beziehung und Voraussetzung für eine konstruktive Kommunikation. Nehmen Sie sich Zeit – und wenn es nur fünf Minuten sind! Seien Sie währenddessen ganz präsent und aufmerksam und schenken Sie Ihrem Gegenüber wirklich Ihre ungeteilte Aufmerksamkeit. Sie signalisieren damit Ihre persönliche Wertschätzung und legen somit ein solides Beziehungsfundament – geschäftlich und privat.

- Wenn Sie zusätzlich Vertrauen schaffen wollen, fassen Sie die Aussagen Ihres Gesprächspartners kurz zusammen und geben Sie ihm in dieser Form Rückmeldung, wie Sie das Gesagte verstanden haben. Wenn Sie geübt sind, können Sie auch – mit der entsprechenden Behutsamkeit – Ihren Eindruck über den emotionalen Inhalt der Äußerung rückmelden. Das klärt etwaige Missverständnisse sofort auf und vermittelt dem anderen das Gefühl, dass dieser als Person wahr- und ernst genommen wird.

- Vorwürfe sind immer die Spitze des Eisbergs zahlreicher enttäuschter Erwartungen und unerfüllter Bedürfnisse. Oft haben sie nur wenig mit der aktuellen Gesprächssituation zu tun. Ein Vorwurf provoziert einen Gegenvorwurf. Steigen Sie aus der Spirale Vorwurf – Rechtfertigung – Gegenvorwurf so schnell wie möglich aus.

- Legen Sie Ihren Fokus auf eine gemeinsame Gestaltung der Zukunft, gleichgültig, ob das Gesprächsthema ein berufliches oder privates ist. Formulieren Sie Ihren Vorwurf in einen positiven Wunsch, eine Forderung oder eine Bitte um. Sprechen Sie ganz konkret an, was Sie wollen. Achten Sie darauf, dass der Wunsch im Rahmen der realistischen Möglichkeit des anderen liegt und dass seine Erfüllung in absehbarer Zeit erfolgen kann. Lassen Sie einen Spielraum für den Wunsch Ihres Gegenübers offen und treffen Sie schließlich eine Vereinbarung, bei der beide Seiten geben und nehmen, also voneinander profitieren.

- Sehr häufig steht hinter einer aggressiven Aussage, einer Kritik oder Anklage eine unausgesprochene Not des anderen, ein ungestilltes Bedürfnis. Deshalb plädiert Marshall Rosenberg in seinem Konzept der »gewaltfreien Kommunikation« für die Methode des Bittens. In einer emotionsgeladenen Situation um etwas zu bitten, setzt menschliche Reife und Selbstbewusstsein voraus.

- Jede menschliche Äußerung ist mehrschichtig. Neben dem sachlichen Inhalt werden noch andere Informationen »mitgeschickt«: Die Botschaft sagt einerseits immer etwas über den Selbstwert des Sprechers aus, andererseits auch immer über die Beziehungsebene zwischen dem Sender und dem Empfänger. Sich diese Tatsache bewusst zu machen und mit »vier Ohren« zu hören, kann Missverständnisse und Konflikte deutlich reduzieren.

- Häufig werden zufriedenstellende zwischenmenschliche und geschäftliche Beziehungen nur dann gelingen und tragfähig sein, wenn die Beteiligten effektiv verhandeln und eine gemeinsame Einigung das Ziel ist. Die große Kunst dabei ist, weder starr darauf zu beharren, seine Position durchzusetzen, noch einen sinnvollen Standpunkt »um des Friedens willen« aufzugeben. Der größtmögliche beiderseitige Nutzen (die Win-win-Situation) soll im Vordergrund stehen und die persönliche Beziehung gewahrt bleiben.

- In vielen Gesprächssituationen ist man mit Einwänden des Gegenübers konfrontiert. Ein Einwand ist immer eine Chance, mehr über die Wünsche und Bedürfnisse des anderen zu erfahren und sich selbst neue Impulse oder interessante Ideen zu geben. Nutzen Sie jeden Einwand, um mit dem anderen in Kontakt zu bleiben. Die beste Methode ist immer die Frage. Konstruktive Fragen signalisieren dem Gesprächspartner, dass Sie ihm zugehört haben und dass Sie an seiner Meinung und seinen Wünschen interessiert sind.

- Verkaufen Sie dem Kunden nicht das Produkt, sondern den Nutzen, welchen dieser davon hat!

Die Sprache des Körpers

Wirkungsvolle Kommunikatonsbrücken

Vertrauen ist die Voraussetzung für jede effiziente Kommunikation. Viele Menschen haben nur wenige gute Strategien zur Verfügung, um Sympathie zu erzeugen und spontan ein angenehmes Gesprächsklima herzustellen. Das neurolinguistische Programmieren (NLP) bietet eine Reihe wirkungsvoller Methoden an, um sich anderen näherzubringen und tragfähige Kommunikationsbrücken zu bauen: Rapport, Pacing und Leading.

Rapport, Pacing und Leading

Analoge Kommunikation, die (Körper-)Sprache des anderen zu sprechen, ist eine Basisfähigkeit des NLP. Rapport ist eine positive Beziehung zwischen Individuen, sie basiert auf Verständnis und Vertrauen. *Rapport* bedeutet, Menschen auf ihrem Niveau »abzuholen«, ihre Sprache zu verwenden und sie gedanklich, nonverbal und verbal wertzuschätzen. Rapport ist die Fähigkeit, die Welt eines anderen zu betreten und dadurch eine Brücke zu ihm zu bauen. Dabei signalisiert man Akzeptanz: »Du bist in Ordnung, so wie du bist!« Ein gemeinsames Ziel zu erreichen ist oftmals eine Kunst. Äquivalenz tritt dann ein, wenn man Rapport übt. Dadurch verschwindet jeglicher Widerstand, und man baut einen tiefen Kontakt zum Unbewussten des anderen auf.

Die Aufnahme von Rapport geschieht durch das so genannte *Pacing (Spiegeln)*. In zahlreichen Beobachtungen hat man festgestellt, dass Menschen, die einander mögen und einen tiefen Kontakt zueinander haben, sich in ihrem Ausdrucksverhalten aneinander anpassen. Dieses Prinzip lässt sich auch umkehren: Durch Anpassung des Ausdrucksverhaltens an den anderen kann Rapport zu ihm hergestellt werden.

Pacing bedeutet genau dies: sich im Ausdrucksverhalten an den anderen anpassen. Das Gegenüber wird da abgeholt, wo es sich gerade befindet. Spiegeln bezeichnet körperliches Sichanpassen an die Haltung, die Gestik, die Atmung, die Mimik, die Bewegungen oder Gewichtsverlagerungen, den Muskeltonus und so weiter.

Matching bezeichnet das Sichangleichen an den Sprachstil (vgl. dazu *Repräsentationssysteme*), das Sprechtempo, den Rhythmus, die Tonlage und so weiter. Dabei geht es nicht um stures Kopieren, sondern um dosierte Signale der Übernahme des nonverbalen Verhaltens des Gesprächspartners, was die Gesprächsatmosphäre verbessert und zugleich ein hervorragendes Training in nonverbaler Wahrnehmung ist – eine Fähigkeit, die auch für andere Kommunikationstechniken von entscheidender Bedeutung ist. Denn je tiefer der Rapport zwischen zwei Menschen ist, desto mehr gleichen sich ihre Körper und Stimmen »wie von selbst« einander an: Sie »schwingen auf der gleichen Welle«, sie sind in Kontakt, in Resonanz.

Pacing erfasst verschiedene Ebenen:

- Auf der Körperebene: Angleichung
  - der Mimik (Stirnrunzeln, Lächeln, Lidschlag),
  - der Gestik (Handhaltung),
  - der Sitzhaltung,
  - der Bewegung (Fußwippen),
  - des Atemrhythmus,
  - des Atemverhaltens (obere Brust, Brust, Bauch)

- Auf der Sprachebene: Angleichung
  - der Tonlage,
  - der Lautstärke,
  - der Sprechgeschwindigkeit,
  - des Sprachrhythmus

- Auf der Ebene der Worte und Begriffe:
  - Formale Angleichung: im gleichen Repräsentationssystem kommunizieren
  - Inhaltliche Angleichung: die gleiche »Sprache«, Fachbegriffe, Lieblingsworte und so weiter wie der andere verwenden

- Auf der Ebene der Denkstrategien, Entscheidungmodelle, Glaubenssätze und Paradigmen

- Auf der Ebene der Werte und Ziele

Nachdem man sich der Gesprächspartnerin/dem Gesprächspartner eine Weile angeglichen, *Rapport* hergestellt und *Pacing* aktiviert hat, kann man dazu übergehen, sie/ihn zu führen (Leading) und dadurch die Richtung der Kommunikation zu verändern. *Leading* heißt, jemanden auf der Basis von Rapport und im Sinne des Winwin-Prinzips zu einem bestimmten Ziel oder Ergebnis hinzuführen.

Übung zu Pacing und Leading

Zur Durchführung dieser Übung brauchen Sie einen Partner. Stellen Sie sich spiegelbildlich gegenüber und beginnen Sie zu einer passenden Musik Walzer zu tanzen, ohne einander zu berühren. Die geführte Person soll versuchen, der führenden Person in ihren Bewegungen zu folgen. Sie sollten vorher vereinbaren, wer führt, und dann die Rollen tauschen, sodass jeder über einige Minuten hinweg geführt hat. Danach wird offen gelassen, wer führt. Tanzen

Sie den »Spiegeltanz« weiter, wie er sich entwickelt. Zumeist werden Sie merken, wie Sie sich beim Führen abgewechselt haben. Man geht vielleicht erst ein bisschen mit dem Partner mit, hat dann eine eigene Idee und schaut, ob der Partner die Bewegung mitmacht oder nicht. Hat es geklappt, hat man die Führung übernommen. Wenn nicht, übt man sich erst wieder im Pacing.

Bedeutung für den Alltag

Am Prinzip des Pacing und Leading werden die verschiedenen Formen von Führungsstilen verdeutlicht. Der autoritäre Führungstyp tritt kaum in sozialen Kontakt mit seinen Mitmenschen, führt hingegen über 90 Prozent der Zeit. Der Kooperative begegnet zirka zwei Drittel und führt zirka ein Drittel der Zeit. Der Laissez-faire-Führungstyp führt kaum noch und ist fast ausschließlich in sozialem Kontakt mit seinen Mitmenschen.

Kooperative Führung baut immer auf Pacing auf. Menschen, welche man führen will, wollen zunächst in ihren Wünschen und Bedürfnissen begleitet werden. Ein altes indianisches Sprichwort besagt sinngemäß, dass man erst einmal tausend Schritte in den Mokassins eines anderen getan haben muss, bevor man ihn richtig verstehen und führen kann. Fehlt das Pacing, gestaltet sich Führung nur »Kraft des Amtes«.

Auch eine konstruktive Diskussionsleitung basiert auf dem Prinzip des Pacing und Leading. Der jeweilige Moderator lässt diskutieren, fasst zusammen und verweist dann auf interessante Aspekte, welche noch zu vertiefen sind.

Mit diesem Prinzip des Pacing und Leading können Sie Ihren eigenen Führungs-, Kommunikations- und Beratungsstil wesentlich effizienter gestalten. Dadurch haben Sie die Möglichkeit, sich mit Ihrem Verhalten sehr schnell auf Ihr Gegenüber und die jeweilige

Situation einzustellen, um äußerst kreativ auf Unvorhergesehenes zu reagieren.

Es ist empfehlenswert, diese Techniken immer wieder zu üben und in verschiedenen Situationen auszuprobieren. Anleitungen kann es hierzu nicht geben. Es gilt in jeder Situation offen zu bleiben und sich auf den oder die Kommunikationspartner einzustellen.

Praktische Übungen

- Beobachten Sie Menschen auf der Straße, in Restaurants, auf öffentlichen Veranstaltungen und wo immer Sie eine Gelegenheit finden, ob zwischen den beteiligten Personen Rapport hergestellt wird oder nicht.

- Spiegeln Sie die Körperbewegungen anderer Menschen und bauen Sie so Rapport zu ihnen auf.

- Rufen Sie einen Freund an und pacen Sie am Telefon seine Sprechgeschwindigkeit und Lautstärke. Achten Sie auch auf seine Lieblingsformulierungen.

- Pacen Sie die Stimmung einer anderen Person und versetzen Sie diese Person in eine frohe Stimmung.

Repräsentationssysteme – die Sprache der Sinne

Unser Modell der Welt beruht auf unserer sinnlichen Wahrnehmung, wobei jeder Mensch diese unterschiedlich strukturiert und verarbeitet. Von allen externen Reizen, die auf unsere Sinnesorgane treffen, gelangt nur ein kleiner Teil in unser Bewusstsein. Das Erfassen, Speichern und Koordinieren funktioniert über unsere fünf Sinne. Wir nehmen unsere Umwelt über die Augen, die Ohren, das

Gefühl, den Geschmack und den Geruch war. Diese Eindrücke können wir erfassen, bearbeiten und speichern.

Im NLP spricht man von den fünf Modalitäten, von VAKOG, diese Begriffe haben die nachstehenden Bedeutungen für V – visuell (sehen), A – auditiv (hören), K – kinästhetisch (fühlen), O – olfaktorisch (riechen) und G – gustatorisch (schmecken). Der Tastsinn wird dabei dem »Kinästhetischen« zugeordnet. Wir nehmen über unsere Sinne an der Umwelt teil. Wahrnehmen bedeutet damit, dass wir Sinneseindrücke aufnehmen, koordinieren und abspeichern. Mit diesen Informationen konstruieren wir somit in unseren Gehirnen eine Wahrnehmung. Diese Wahrnehmung ist die Grundlage unseres Bewusstseins. Menschen repräsentieren ihre Welt mit ihren Gehirnen durch die sinnliche Wahrnehmung über Augen, Ohren, Gefühl, Geschmack und Geruch. Im NLP legt man die Repräsentationssysteme dem bewussten Denken als Basis zugrunde. Denken ist im NLP beschrieben als »die Sinne innerlich nutzen«. Denken bedeutet im NLP immer sinnlich denken oder anders ausgedrückt: »Denken ist Konstruieren mit Sinneseindrücken.«

Wir wissen, dass zwischen fünf und neun Informationseinheiten gleichzeitig prozessiert werden können, alle weiteren bleiben unter der Bewusstseinsschwelle. Welche Anteile bewusst wahrgenommen werden, hängt unter anderem von der individuellen aktuellen Befindlichkeit, der gegenwärtigen Motivation und den Lernerfahrungen in der Kindheit ab.

Die Sprache eines Menschen gibt uns Auskunft über dessen bewusstes Erleben, seine Erfahrungen und Konditionierungen. Verbalisierungen sind (vereinfachte) Darstellungen des inneren Erlebens. Als aufmerksamer Zuhörer kann man feststellen, welcher Anteil der Erfahrung jeweils bewusst repräsentiert wird, indem man auf die sinnesspezifischen Prädikate (Verbe, Adjektive, Adverbe und auch Redewendungen) achtet.

Beispiele für Prädikate aus den fünf Repräsentationssystemen

Visuell:	klar, hell, sehen, farbig, Einsicht gewinnen, deutlich, anschauen, scheinen …	V
Auditiv:	laut, leise, hören, stimmig, ruhig, den Ton angeben, klingen, summen …	A
Kinästhetisch:	spüren, fühlen, in den Griff kriegen, hart, warm, kalt, weich, rau, in die Hand nehmen …	K
Olfaktorisch:	riechen, duftig, schnuppern, brenzlig, »das stinkt mir«, »einen Riecher haben« …	O
Gustatorisch:	bitter, salzig, süß, sauer, lecker, geschmacklos …	G

Die meisten Menschen haben ein bis zwei bevorzugte Repräsentationssysteme. Wenn zwei Menschen über ein gemeinsames Erlebnis berichten, können deren Berichte sehr unterschiedlich ausfallen, je nachdem, welche Anteile sie wie repräsentieren.

Missverständnisse entstehen häufig dadurch, dass Gesprächspartner den gleichen Inhalt sinnesspezifisch unterschiedlich repräsentieren und auch sprachlich verschieden darstellen.

Was die Augenbewegungen verraten

Neben den sinnesspezifischen Worten geben auch die Augenbewegungen eines Menschen einen Hinweis auf die innere Informationsverarbeitung. Man vermutet, dass aufgrund neuronaler Verknüpfungen die Augen unwillkürlich in bestimmte Richtungen schauen, wenn bestimmte Hirnbereiche aktiviert werden. Die folgende Tabelle gilt für die meisten Rechtshänder (für Linkshänder sind die Augenmuster genau umgekehrt).

Visuell konstruierte Bilder

Visuell erinnerte Bilder

Konstruierte Klänge

Erinnerte Klänge

Kinästhetisch

Innerer Dialog

Wenn also beispielsweise unser Gesprächspartner während des Gesprächs (von sich aus gesehen) nach links oben sieht, ist es wahrscheinlich, dass er visuelle Erinnerungen aus dem Hippocampus abruft; blickt er nach unten, dann taucht er in die Gefühlswelt ein.

Informationen, die sofort präsent sind, werden nicht aus dem »Hirnspeicher« abgerufen, die Augen werden daher nicht wandern. Blickt der Gesprächspartner während des Gesprächs nach oben, seitlich oder nach unten, so ist das zumindest ein Indiz für intensive Such- oder Konstruktionsprozesse. In einer solchen Phase ist er nicht offen für neue Informationen, der sinnliche Zugang ist kaum geöffnet. Der Sender kann die Beobachtung der Augenbewegungen auch dazu nützen, um den Zeitpunkt der optimalen Aufnahmefähigkeit des Empfängers zu erkennen.

Sieben Aspekte der nonverbalen Kommunikation

1. Körpersprache ist die Ursprache

Die Verständigung durch Körpersignale ist geschichtlich die älteste Sprache. Wir haben diese mit den Tieren gemeinsam und können uns in dieser Sprache auch mit ihnen verständigen. Unterstützt wird diese Verständigung durch die Lautstärke, den Tonfall und die Sprachmelodie.

2. Körpersprache ist international

Bestimmte Körpersignale wie Zuwendung oder Abwendung werden – von Ausnahmen abgesehen – kulturübergreifend verstanden.

3. Körpersprache ist allgegenwärtig

Watzlawicks Axiom »Man kann nicht nicht kommunzieren« trifft hier ins Schwarze. In jeder Situation senden wir Signale aus und reagieren auf diese. Auch Wegschauen und Schweigen sind Kommunikation.

4. Körpersprache ist allumfassend

Kommunikation ist die Summe aller Ausdrucksformen: die Kleidung, das Verhalten (zum Beispiel die Pünktlichkeit), die Wahl des Wohnorts, der Wohnung, des Autos. All das hat soziale Bedeutung und Auswirkungen.

5. Körpersprache ist unbewusst

Der Großteil der Signale und Botschaften, die wir ununterbrochen aussenden, ist unbewusst: Das bewusste Denken steuert vor allem die sprachliche Kommunikation. Einen Teil der Körpersignale können wir – zumindest in Grenzen – kontrollieren: Die Kontrollmöglichkeiten nehmen dabei von oben (Kopf) nach unten (Füße) ab. Umgekehrt wirkt auch eine bewusst gewählte Körperhaltung auf die Stimmung.

6. Körpersprache klärt Beziehungen

Während wir mit Worten Sachthemen besprechen und unsere Denkvorgänge umsetzen, regelt der Körperausdruck die Beziehung: Die bewusste Beschreibung der eigenen Körperwahrnehmung kann Verständigung erreichen. Nähe und Distanz, Rollenverteilung und Macht, Wohlbefinden, unbewusste Wünsche, sexuelles Interesse, all dies wird durch die Stellung des Körpers im Raum, durch die Mimik, die Gestik und den Ton der Stimme ausgedrückt. Auch auf diese Signale reagieren wir meist intuitiv, dadurch klären und leben wir unsere Beziehungen.

7. Körpersprache hilft verstehen

Durch aufmerksames Beachten der Körpersignale wird der Körper zu einem wichtigen Informationsträger des Unbewussten und Unbeachteten. Indem wir Körpersignale unserer Kommunikationspartner/-innen nachempfinden, gewinnen wir ein ganzheitliches Verständnis und oft auch innere Nähe. Oft stehen Körpersignale auch für eine durch das Bewusstsein kontrollierte, nicht ausgeführte Handlung (zum Beispiel die geballte Faust). Einzelsignale sind allerdings nur jeweils im Gesamtkontext zu verstehen und können nicht einzeln anhand einer »Vokabelliste« übersetzt werden.

Die Sprache des Körpers »lesen«

Jeder Mensch spricht Körpersprache, aber kaum jemand versteht und interpretiert sie bewusst. Nur etwa sieben Prozent des Inhalts einer Botschaft werden durch Wörter übermittelt, 38 Prozent durch die Tonalität und den Klang und 55 Prozent durch die Haltung, die Gestik und die Mimik. Bewusstes Wahrnehmen körpersprachlicher Vorgänge kann dabei helfen, mehr voneinander zu erfahren und besser zu kommunizieren.

Wir haben sehr gut gelernt, mit Worten zu lügen. Körpersprache kann aber auch wahre »Lügengenies« verraten. Sind die Aussagen der sprachlichen und körpersprachlichen Botschaft verschieden, so »sagt« die Körpersprache mit allergrößter Wahrscheinlichkeit die Wahrheit. Dennoch: Ein körpersprachliches Signal alleine macht noch keine gesicherte Aussage. Erst mehrere Signale im Verbund lassen auf eine eindeutige Information schließen.

Körpersprache als Spiegel von Geist und Seele gibt uns Informationen über unser selbst, denn jede Körperhaltung beeinflusst unsere innere Haltung mit und umgekehrt.

Die Mimik

Der Körper spiegelt unsere gegenwärtige Befindlichkeit und unsere Gefühle wider. Wenn jemand spricht, ist zunächst das Gesicht, vor allem der Stirn-, Augen- und Mundbereich, für die Beurteilung seiner Stimmung wichtig. Die Augen haben eine Art Signalwirkung, da sie sowohl auf die Ferne als auch in der Nähe wirken. Die Blickrichtung und die Dauer, wie weit die Lider geöffnet sind, all das besitzt ein kräftiges Aussagepotenzial.

So können wir aufgrund des visuellen Eindrucks Freude, Überraschung, Wut oder Verachtung ablesen, während Angst meist auditiv wahrgenommen wird. Um die Gefühlslage des anderen zu beurteilen, ist es nützlich, die Gesichtsmuskeln zu beobachten, ob sie sich beispielsweise anspannen oder ob die Mundzüge weicher werden. Angespannte Gesichtszüge verraten meistens Stress, Ärger oder Wut, weiche, entspannte Züge können als Freundlichkeit oder Güte interpretiert werden. Ein Lächeln sollte allerdings immer die Augen mit einbeziehen. Ein Mund, der lacht, ohne dass die Augen mitlachen, wirkt gekünstelt und unaufrichtig. Augenbrauen, die in schnellem Tempo gesenkt und gehoben werden, sind das Einverständnis zu sozialer Kontaktaufnahme. Ausdruck für Überraschung und Verwunderung zeigt man, indem man die Augenbrauen hebt und eine Zeit lang gehoben hält. Tränen und Lachen sind Ausdrucksmöglichkeiten, von denen wir annehmen, dass sie mit Leichtigkeit zu deuten sind. Tränen sind jedoch Ausdruck für mehrere unterschiedliche Gefühlszustände: für Kummer, Freude und Wut. Lachen kann Zeichen für Freude und Freundlichkeit sein, aber auch für Verachtung und Sarkasmus. Wir können auch lachen, wenn wir ängstlich werden oder wenn wir etwas sehr Unangenehmes erleben.

Ja oder nein?

Sehen wir uns ein Beispiel an, wie Sie die körpersprachlichen Signale eines Menschen für Zustimmung und Ablehnung erkennen können. Was eine Ja- beziehungsweise eine Nein-Reaktion ist, kann man anhand der nonverbalen (Körper-)Signale (beziehungsweise Unterschiede im Verhalten) eines Menschen unterscheiden lernen. Dafür gibt es mehrere Indizien.

Ja-Reaktionen	**Nein-Reaktionen**
Lockerlassen der Kiefermuskeln	Anspannen der Kiefermuskeln
Leichte Gesichtshautrötung	Blasser werden
Leichtes Vorschieben des Kopfes	Zurücknehmen (Wegneigen) des Kopfes
(Angedeutetes) Nicken	(Angedeutetes) Kopfschütteln
Körperhaltung öffnet sich	Körper verschließen (zum Beispiel Arme verschränken)
Augenlider gehen auf	Augenlider gehen zusammen (angespannt/zusammenkneifen)
Mundwinkel gehen leicht nach oben – lockere Lippen	Mund angespannt – Lippen zusammengepresst

All diese Reaktionen können Indizien sein für Ja-/Nein-Reaktionen. Was bei einem Menschen tatsächlich im Einzelnen zutrifft, weiß man erst, wenn man ihn bei Ja-/Nein-Reaktionen beobachtet hat. Dennoch kann diese Tabelle hilfreich sein, damit Sie wissen, wo Sie mit Ihren Beobachtungen beginnen können. Mit einiger Übung können Sie diese Tabelle durch Ihre eigenen Erfahrungen ergänzen.

Die Körperhaltung

Beschreibungen der Körperhaltung finden sich in vielen sprachlichen Metaphern und Volksweisheiten: »Mit beiden Beinen auf dem Boden stehen« bedeutet Realitätssinn; »einen festen Standpunkt haben« dokumentiert klare Ansichten; »vor jemandem kriechen« bezeichnet das Einnehmen einer widerspruchslosen, unterwürfigen Haltung. Interessant ist in diesem Zusammenhang auch die Gewichtsverlagerung. Steht ein Mensch aufrecht, oder ist sein Gesicht vor beziehungsweise hinter das Becken verlagert? Hier halten sich die Theorien an den Volksmund: Je gerader jemand steht, desto aufrechter ist seine innere Haltung. Ein solcher Mensch ist weder unsicher (Neigung nach vorne) noch überheblich (Neigung nach hinten).

Ein weiterer, sprachlich übertragbarer Aspekt ist die Offenheit beziehungsweise Geschlossenheit einer Haltung. Damit ist in erster Linie der Hals- und Brustraum gemeint. Von Bedeutung ist darüber hinaus, ob ein Mensch frei steht oder ob er irgendwo eine Stütze sucht. Es gibt Menschen, die sich immer irgendwo anlehnen müssen. Die Körperhaltung ist also ein Ausdruck von Gefühlen und persönlichen Befindlichkeiten. Sie liefert Interpretationshilfen dafür, wie sicher, souverän und überlegen sich jemand fühlt. So spiegelt sich Fröhlichkeit in einer aufrechten, offenen Haltung und Resignation in einer leicht gebeugten, in sich gekehrten, also optisch eher geschlossenen Haltung wider. Auch die Konzentration auf einen anderen, schlichte Neugier, Irritation oder auch nur Nachdenklichkeit lassen sich leicht ablesen. Ein sehr einprägsames Kennzeichen ist die plötzliche Veränderung der äußeren Haltung – sie spiegelt immer einen abrupten Wechsel der inneren Haltung wider. Ein vorgeneigter Oberkörper in einem Gespräch signalisiert Aufmerksamkeit oder den Hinweis, dass jemand etwas sagen möchte. Er kann aber auch Skepsis ausdrücken. Mit einem demonstrativen Zurücklehnen kann Desinteresse oder Missfallen am Thema angenommen werden.

»Unser Körper ist der Handschuh der Seele, seine Sprache das Wort des Herzens.« Samy Molcho

Die Sitzhaltung und wie viel Raum in Anspruch genommen wird, liefern weitere Anhaltspunkte für Ihre Wahrnehmung. So wollen Jugendliche beispielsweise häufig signalisieren, dass sie »gutem Benehmen« keine Beachtung schenken (wollen), und hiermit ihre

Unabhängigkeit und Selbstständigkeit für alle sichtbar demonstrieren. Dabei ist häufig zu erkennen, dass das Ignorieren des mit Erziehung erworbenen Verhaltens einige Überwindung kostet. Andere tun genau das Gegenteil: Sie beschränken sich auf die Sitzkante, lehnen sich nicht gemütlich zurück und setzen ihren Körper damit einer physischen Belastung aus, die eine psychische Anspannung zwangsläufig noch verstärkt und dem Beobachter Unsicherheit, mangelndes Selbstbewusstsein oder Nervosität signalisiert. Je mehr jemand dafür sorgt, dass er bequem sitzen kann, desto souveräner gibt er sich. Meist kommt dieses Selbstbewusstsein bei Zuhörern und Beobachtern effizient an. Eine angespannte Sitzhaltung – etwa in Kombination mit krampfhaften Fußbewegungen – kann auch bedeuten, dass jemand weg möchte, weil ihn die Unterhaltung nicht interessiert oder er diese als unangenehm empfindet. Vom sozialen Rang her höhergestellte Menschen nehmen in ihrer Körper- und Sitzhaltung häufig mehr Raum für sich in Anspruch, sie geben sich von der Körperhaltung her offener, weil sie sich für weniger verletzlich halten. Mit der Analyse der Körperhaltung können daher auch signifikante Aussagen über Statusunterschiede getroffen werden.

Die Körperbewegungen

Wesentlich für die Gesamtinterpretation der Körpersprache sind auch die Körperbewegungen. So kann beispielsweise der Gang eine sehr »beredte Sprache sprechen«. In gewisser Weise läuft er synchron zur Körperhaltung, weil auch er bestimmte Stimmungen und Gefühle mit ausdrückt. Zusätzlich aber ist ein gehender Körper in Bewegung, sodass man beobachten kann, wie er diese Bewegung umsetzt. Geht ein Mensch zielsicher, sind seine Bewegungen flüssig, geschmeidig, beweglich oder steif und verkrampft?

Auch die Art, wie ein Mensch seine Füße setzt, lässt interessante Interpretationen zu. Eine Person, die das Knie vor den ersten Punkt des Körpers zieht, demonstriert Vorsicht oder eher noch Unsicherheit. Im Gegensatz dazu kann man auch so laufen, dass die Zehen immer vorausgehen. Ein Zehengang hingegen ist meist ein kräftiger, raumeinnehmender Gang. So läuft jemand, der keine Angst und / oder vielleicht ein klares Ziel vor Augen hat, oder auch jemand in Eile. Hier sollte wieder darauf geachtet werden, ob das Körpergewicht vor, über oder hinter dem Becken liegt.

Die Gestik

Auch Gesten bringen unbeabsichtigt Gefühlszustände zum Ausdruck: Fingerspiele oder das Spielen mit Gegenständen können ein Ausdruck von Nervosität sein, das Umklammern von Dingen ein Ausdruck verhaltener Wut, das Streicheln von fühlbar angenehmen Gegenständen ein Zeichen von Einsamkeit. Das Ballen der Faust kann Aggression signalisieren, das Zusammenpressen der Augen über der Nasenwurzel Müdigkeit und Erschöpfung. Das Kratzen am Kopf kann Ratlosigkeit ausdrücken, und das Hochwerfen der Arme ist ein sichtbares Zeichen der Begeisterung.

Einzelne Gesten können so klar definiert sein, dass sie die verbale Kommunikation punktuell oder vollständig ersetzen. Diese Definitionen müssen natürlich – wie auch Sprache – gelernt werden und sind deswegen auf Gruppen von Menschen bis hin zu Kulturkreisen beschränkt.

Kleider machen Leute

Im Alltag und im Umgang mit anderen Menschen ist der größte Teil unseres Körpers von Kleidung bedeckt. Es liegt in der Natur der Sache, dass diese einen erheblichen Anteil des Eindrucks ausmacht, den wir erwecken. So kann etwa zu dunkle und zu weite Kleidung signalisieren, dass sich hier jemand verstecken oder unsichtbar machen will. Wer seine Figur ständig verbirgt und immer in Schwarz oder Grautöne trägt, versucht sich zu tarnen. Wer sich grundsätzlich zu extravagant kleidet, will um jeden Preis auffallen. Dahinter kann auch ein mangelndes Selbstbewusstsein stecken. Wer sich bewusst nicht an vorhandene Kleiderordnungen hält, demonstriert seine aufmüpfige oder auch respektlose Haltung. Unbewusst unangemessene Kleidung zeigt, dass es der Person möglicherweise an Taktgefühl fehlt.

Kann man Körpersprache vortäuschen?

Körpersprache vorzutäuschen, ist nur begrenzt möglich. Offen und ehrlich zu wirken ist nicht nur ein Vorteil, wenn man Gebrauchtwagen verkaufen will. Wenn Sie also die Hände offen mit der Handfläche nach oben halten und sagen: »Der Dienst am Kunden geht uns über alles!«, wird das mit ziemlicher Wahrscheinlichkeit authentisch wirken. Aufgesetztes Lächeln oder widersprüchliche Signale erkennt man leicht. Wer nur mit dem Mund lächelt und nicht auch mit den Augen, wird schon von kleinen Kindern mit Argwohn betrachtet. Wer Offenheit demonstriert und dabei bewusst lügt, erzeugt in sich einen Widerspruch, der sich in verwirrenden widersprüchlichen Signalen niederschlagen kann.

Wichtiger und wertvoller als die Fähigkeit, andere zu täuschen, ist die Fähigkeit, Täuschungsversuche anderer zu erkennen. Lügen, die von gegensätzlichen Körpersignalen begleitet werden, sind der einfachere Fall. Gekonnt vorgetäuschte Körpersprache ist nur erkennbar, wenn man sich gut auskennt und aufmerksam beobachtet. Wer nicht darauf vorbereitet ist, kann sich irren oder wird unter Umständen bei einer wichtigen Geschäftsverhandlung »über den Tisch gezogen«.

Selbsterkenntnis durch Körpersprache

Wer sich mit Körpersprache beschäftigt, lernt sich auch selbst besser kennen. Beispiel: In einem Verkaufsgespräch faltet Ihr Gegenüber die Hände mit ausgestreckten Zeigefingern ähnlich einer Pistole und zielt auf Sie. Die Geste ist eindeutig. Sie relativieren Ihre Aussagen, nehmen die Spannung aus dem Gespräch und erleben schließlich, wie Ihr Gesprächspartner die Hände wieder voneinander trennt. Sie haben die Situation unter Ihrer Kontrolle, und automatisch fragen Sie sich: »Verhalte ich mich selbst auch so?«

Selbstmanipulation durch Körpersprache

Überall, wo etwas verkauft wird, gibt es immer und immer wieder die Empfehlung, doch zu lächeln. Das wirke anfangs vielleicht aufgesetzt, führe aber allmählich zu einer Verinnerlichung und einem echten, ehrlichen Lächeln. Bis zu einem gewissen Grad ist daran etwas Wahres. »Vorgetäuschte« Körpersprache kann tatsächlich solche Nebenwirkungen haben: Die Rückkopplung der Körpersprache ist sogar eine eigene Denkmethode. Sie verändert unser Verhalten. Wer es gewohnt ist, »sich an den Gürtelschlaufen festzuhalten«, und sich dieses Verhalten abtrainiert, ist nicht nur ein Signal der Unsicherheit los, sondern löst dieses unsichere Verhaltensmuster auch gleich auf. Aus aufgesetztem Lächeln wird echtes Lächeln. Es gibt dafür körperliche, psychologische und soziale Ursachen. Wenn wir Menschen anlächeln, lächeln diese zurück, dadurch empfangen wir ein positives Signal, eine Rückkopplung entsteht.

Wie schon eingehend erläutert, besteht Körpersprache nicht nur aus Lächeln, sondern aus einer großen Zahl unterschiedlichster Signale und Deutungen.

Körpersprache im Geschäftsleben

Bei geschäftlichen Situationen finden wir häufig fast rituelle Abläufe, manchmal auch eine besondere Steifheit, Strenge und ausgeprägte Herrschaftsgebärden. Viele dieser Verhaltensweisen lassen sich deuten und nutzen. Verhandlungstechnik ist nicht immer nur die Suche nach einer Win-win-Situation, sondern auch ein gegenseitiges Belauern und Beobachten. Selbst wenn Sie »nur« beobachten, sollten Sie das so diskret und gekonnt tun, dass das auf Ihre Gesprächspartnerin/Ihren Gesprächspartner nicht unangenehm wirkt. Es macht kein gutes Gesprächsklima, wenn das Gegenüber den Eindruck gewinnt, es stehe auf dem Prüfstand.

»Ändere deine Einstellung zu den Menschen, und die Menschen ändern ihre Einstellung zu dir.« Samy Molcho

Grenzen der Körpersprache

Nun könnte der Eindruck entstehen, Studium und Kenntnisse der Körpersprache können bewusst eingesetzt werden, um fehlende Überzeugungskraft der Worte zu ersetzen. Von wenigen Ausnahmen abgesehen ist dies nicht möglich, da Körpersprache größtenteils intuitiv abläuft und kaum bewusst steuerbar ist. Körpersprache kann man deshalb nur begrenzt trainieren, aber mann kann sie studieren. Sie hilft dabei, sich selbst und andere besser zu verstehen und generell effizienter kommunizieren zu können.

Obwohl verbale Sprache und Körpersprache miteinander verbunden sind, also jeder beide Sprachen »spricht«, hören die meisten Menschen nur das gesprochene Wort und ignorieren die doch so aussagekräftige Körpersprache.

Niemand kann etwas ohne einen bestimmten Tonfall sagen. Auch Mimik und Gestik begleiten stets unsere Worte. Doch bei den meisten von uns wurde die Aufmerksamkeit von Kindheit an nur auf das gesprochene Wort gelenkt. Kaum jemand hat trainiert, die Signale der Körpersprache in gleichem Maße bewusst wahrzunehmen.

Balance zwischen verbaler und nonverbaler Sprache

Ein wichtiger Gesichtspunkt für die Wirkung der Persönlichkeit ist, dass verbale und nonverbale Anteile einer Information übereinstimmen. Nachrichten, bei denen die sprachlichen und körpersprachlichen Anteile stimmig sind, werden vom Zuhörer auch gefühlsmäßig akzeptiert.

Wird aber mit schwacher Stimme und mitleiderregendem Gesicht verkündet: »Wir haben alles unter Kontrolle«, weiß der Zuhörer nicht, wie er auf diese Information reagieren soll. Glaubt er den Worten, heißt der Appell: »Keine Sorge, es ist alles in Ordnung!« Glaubt er den nonverbalen Signalen, lautet die Aufforderung: »Wir wissen nicht, was wir tun sollen.«

Eine schnelle und einfache Deutung der Körpersprache ist unmöglich. Und eine Gebrauchsanweisung in der Art »Wenn jemand das Verhalten zeigt, dann können wir daran ablesen, dass ...« ist nur als anfängliches Hilfsmittel zum Lernen des »kleinen Einmaleins« der Körpersprache hilfreich.

Die einzelnen Aspekte der Körpersprache können wichtige Indikatoren der Bedeutungsvermittlung menschlicher Kommunikation sein. Es ist jedoch besonders wichtig, das körpersprachliche Vokabular im Kontext zu sehen und individuelle Eigenheiten zu berücksichtigen. Es sei angemerkt, dass die hier beschriebenen nonverbalen Signale nicht den Anspruch der Allgemeingültigkeit erheben, wohl aber unerlässliche Bestandteile der Kommunikation darstellen und bei sorgfältiger Rezeption besonders aufschlussreich sind.

Beachten Sie weiters, dass hier westeuropäisch-amerikanische Kommunikationsgewohnheiten beschrieben sind, die je nach Kulturkreis abweichen können (zum Beispiel der verstärkte Einsatz der Hände in Italien und anderen südeuropäischen Ländern oder Höflichkeitsgesten im asiatischen Raum). Dessen ungeachtet ist aber eine Übereinstimmung von Inhalt und nonverbaler Sprache interkulturell gültig!

Im Folgenden ein paar grundsätzliche nonverbale weltweite Benimmregeln, deren Anwendung niemals verkehrt sein kann. Vortritt und Vorrang hat immer

- die ältere Person vor der jüngeren,
- die ranghöhere Person vor der rangniedrigeren,
- die fremde Person vor der bekannten,
- die ausländische Person vor der inländischen.

Sich höflich zu erheben ist immer angebracht, wenn

- jemand zur Begrüßung auf Sie zukommt,
- Sie jemandem vorgestellt werden,
- Sie sich selbst vorstellen.

Die Stimme – ein eigenes Kapitel

Mehr als ein Drittel des Eindrucks, den wir auf andere Menschen und unsere Umwelt machen, wird von unserer Stimme repräsentiert. Sie gibt Wörtern auf der Inhaltsebene Sinn und Bedeutung und drückt auf der Beziehungsebene Gefühle und Stimmungen aus. Reden, Gespräche, Verhandlungen, Kundenpflege in Callcenters und Telefonzentralen sind auf den bewussten Einsatz der Stimme angewiesen. Denn sie prägt das Erscheinungsbild der Unternehmen, die nicht nur eine visuelle, sondern auch eine akustische Identität haben – Grund genug, sich mit diesem Instrument der nonverbalen Kommunikation auseinanderzusetzen und seine vielfältigen Facetten kennenzulernen.

Eine »tragende« Rolle

In der nonverbalen Kommunikation kommt der Stimme eine tragende Rolle zu. Ohne Stimme sind viele Sprachhandlungen nicht möglich: »sprechen«, »reden«, »beschreiben«, »erklären«, »predigen«, »schwatzen«, »schreien«, »flüstern«, »plappern«, »palavern«, »säuseln«, »informieren«, »faseln«, »dozieren«, »beanstanden«, »gestehen«, »schimpfen«, »streiten«, »deklamieren«, »mitteilen«, »fragen«, »antworten«, »plaudern«, »erzählen«. Auch in der Umgangssprache ist »Stimme« umfangreich vertreten. Man »kontrolliert seine Stimme«, hat eine »verräterische Stimme«, spricht »mit tränenerstickter/zitternder Stimme«, hat eine »heisere/angestrengte/dünne/schwache/helle/sonore/einschmeichelnde/schnarrende/arrogante Stimme«. Man kann die Stimme »erheben« oder »senken«, es kann einem »die Stimme verschlagen«, jemand will »in diesem Ton nicht mit sich reden lassen«, und man kann einen anderen »am Klang seiner Stimme erkennen«.

An der Stimme erkennen wir auch die Absicht des Sprechers. Der Satz »Endlich kommst du« wirkt anders, wenn er freudig und nicht im Zorn ausgesprochen wird. Also, je nachdem, wie Äußerungen sprecherisch gestaltet werden, erhalten sie für den Hörer verschiedene Bedeutungen. Zum Beispiel beurteilt ein gebildeter Mensch neue Bekanntschaften zu 40 Prozent nach dem Klang der Stimme.

Untersuchungen haben gezeigt, dass die Bedeutung der Stimme mit dem Bildungsgrad und der Lebenserfahrung steigt.

Die Stimme ist ein Schlüsselreiz

Die Stimme gehört auch zum Rollenverständnis. Zu ihren Vorgesetzten sprechen Menschen anders als zu ihren Untergebenen. Eine schnarrende Stimme ordnen wir eher einem alten Oberst zu, eine zärtliche oder verführerische Stimme eher einer Frau. Anordnungen werden mit klarer Stimme gegeben. Ein Berater will überzeugend wirken und richtet seine Sprechwirkung darauf ein. Kranke sprechen oft mehr, als sie müssen, mit leiser Stimme. Geflüstert wird hinter vorgehaltener Hand und wenn es andere nicht hören sollen. Verkäufer wollen überreden, und sie versuchen, ihre Stimme der Situation anzupassen. Kinder schreien mit lauter Stimme, wenn sie noch nicht sprechen können. Psychiater reden auf ihre Patienten mit beruhigender, zurückgenommener Stimme ein. Insofern ist der Stimmausdruck – situationsangepasst – immer auch ein Stück Selbstdarstellung der betreffenden Person.

»Der Ton macht die Musik.« Francis Bacon

Die Stimme ist also ein Schlüsselreiz, der innerhalb von wenigen Sekunden darüber entscheidet, wie der Sprecher von seinem Gesprächspartner wahrgenommen wird, welchen An-Klang er auslöst, ob er Zu-Stimmung oder Wider-Spruch erntet. Stimme kann Sympathien einbringen, andere für sich gewinnen oder sie von sich abstoßen. An der Stimme können wir sogar erkennen, ob jemand lügt oder ob er die Wahrheit sagt. Es kommt nicht von ungefähr, dass schon in der Antike Stimmtätigkeiten geschult wurden. In den Rednerschulen des römischen Staatsmannes und Rhetorikers Cicero gehörten Übungen der Stimmgebung zum Lehrstoff.

Wie die Stimme wirkt

Die Sprachexpertin und Stimmtrainerin Ingrid Amon unterscheidet drei Ebenen:

Die linguistische Ebene

Laute beziehungsweise Buchstaben repräsentieren die Zeichen der Sprache und machen die Wörter aus, die wir in der sprechsprachlichen und schreibsprachlichen Kommunikation benutzen. »Was ist Konsequenz? *Heute* so und *morgen* so. Was ist Inkonsequenz? Heute *so* und morgen *so.*« Die Betonung entscheidet über die Absicht des Sprechers und beeinflusst die Bedeutung der Aussage in den Ohren des Hörers. Auf der Inhaltsebene spielt die Stimmhöhe beziehungsweise die Intonation eine wichtige Rolle, weil sie die Bedeutung von Aussagen ändern kann. Allein durch das Heben und Senken der Stimme können Hörer die Absicht des Sprechers verstehen. Aus Sicht der Sprechwirkung gilt: Monotone Sprachmelodie wirkt negativ, Tonhöhenveränderungen dagegen positiv. Wer diese Variationen beherrscht, wirkt kompetent, selbstbewusst und aufgeschlossen. Diese linguistische Ebene fällt mit der inhaltlichen Ebene der Kommunikation zusammen.

Die paralinguistische Ebene

Die Stimme drückt Stimmungen und Gefühle aus, indem sie schnell oder langsam, laut oder leise, hoch oder tief ausfällt. Diese für die Kommunikation relevante Ebene schafft Beziehungen zum Hörer. Gelingt es den Gesprächspartnern, eine positive Beziehungsebene aufzubauen, werden Inhalte besser verstanden und Missverständnisse minimiert; ist aber die Beziehungsebene negativ, verlieren Inhalte ihre Bedeutung – sie werden verschluckt, und die Kommunikation wird gestört. Der Ton macht die Musik! Die paralinguistischen Elemente sind zeitlich begrenzt, das heißt, sie sind situationsbezogen und können auf kein anderes Medium übertragen werden, zum Beispiel als geschriebener Text. Die paralinguistische Ebene kommt der Beziehungsebene der Kommunikation gleich.

Die extralinguistische Ebene

Die extralinguistische Ebene meint die unbeeinflussbaren Stimmeigenschaften von Menschen. Manche näseln, andere sprechen Dialekt, Frauen sprechen anders als Männer, und so weiter. Bei Menschen, die wir nicht kennen, können extralinguistische Elemente für paralinguistische gehalten werden – wie im folgenden Gespräch. Gesprächspartner A: »Als der Pförtner mich ansprach, dachte ich, er hätte einen Trauerfall.« Gesprächspartner B: »Nein, nein, der spricht immer mit einer solchen Grabesstimme.« Kennt man den Pförtner und seine extralinguistischen Stimmeigenschaften nicht, hat sein Tonfall eine paralinguistische, hier negative Bedeutung. Es liegt auf der Hand, dass damit Missverständnissen Tür und Tor geöffnet wird. Auch kulturelle Unterschiede können Missverständnisse hervorrufen. Norweger etwa haben größere Schwankungen in der Tonhöhe. Wenn sie mit ihrer Intonation Deutsch sprechen, halten Deutschsprachige diese für stark emotionsgefärbt. Ein extralinguistisches Element erhält eine paralinguistische Bedeutung.

Die Signale der Stimme

Körpersprache im Allgemeinen und Stimme im Besonderen sind auf der Beziehungsebene der Kommunikation anzusiedeln. Dabei sendet die Stimme drei Signale aus:

- Die Stimme verleiht linguistischen Elementen Bedeutung. Je nachdem, welche Wörter betont werden, ändert sich auch der Sinn von

Sätzen, oder sie bekommen eine andere Bedeutung. Auch wenn wir einen Text lesen, lesen wir ihn mit unserer Stimme!

- Die Stimme schafft die Doppelung zwischen dem Gesagten und Gemeinten. Man sagt etwas und meint dabei auch etwas. Ist die Stimme identisch mit dem Gesagten, ist die Wahrscheinlichkeit hoch, dass der Hörer nicht nur das Gesagte hört, sondern auch das Gemeinte versteht. Ansonsten entstehen Widersprüche, die die Beziehungsebene stören können.

- Die Stimme führt zu Schlüssen über die Persönlichkeit des Gesprächspartners (»schüchtern«, »extrovertiert«, »freundlich«, »kompetent«, »hysterisch« ...), denn sie ist auch ein »Erkennungssignal«. Jede Stimme ist einzigartig und kann – obwohl uns Stimmimitatoren mit der Ähnlichkeit ihrer Originale mitunter sehr amüsieren – nicht wirklich nachgemacht werden. Die Stimme ist der sprachliche Fingerabdruck oder ein biometrisches Merkmal. Keine Stimme ist so wie die andere.

Eigenschaften der Stimme

Der Stimmapparat ist das komplizierteste motorische System im gesamten Körper, und die Stimm- und Sprechbewegungen stellen die komplexesten Bewegungsmuster dar, zu denen der Mensch fähig ist. Beim Sprechen wird in der Lunge ein Luftstrom erzeugt. Er fließt durch den Kehlkopf in den Rachenraum und durch den Mund nach außen. Man schätzt, dass während des fortlaufenden Sprechens in jeder Sekunde allein für die richtige Bewegungsausführung der Sprechorgane 150.000 Einzelentscheidungen vom Gehirn getroffen werden müssen, die den Bauch, die Brust, den Hals und den Kopf betreffen. Zwerchfell, Lunge, Luftröhre und Brustkorb dienen als Stimmstütze, Kehlkopf und Stimmritze als Vibrato- und Tonerzeuger, Rachen, Mund- und Nasenhöhle als Resonator. Trotz computerisierter Schallanalysesystemen ist es nicht möglich, die

Unterschiede einer ärgerlichen, ungeduldigen, liebevollen oder verführerischen Stimme zu analysieren, wohl aber, neue Erkenntnisse im Bereich von Stimmkrankheiten zu gewinnen.

Stimme und Persönlichkeit

Keine zwei Menschen hören sich gleich an, und aus einer Menschenmasse kann eine Person allein aufgrund ihrer Stimme erkannt werden. Die Stimme überträgt nicht bloß Informationen, sondern auch Gefühle und Stimmungen. Der enge Zusammenhang zwischen Stimme und Stimmung drückt sich auch in der Umgangssprache aus: »Es schnürt mir die Kehle zu« oder »Da bleibt mir die Stimme weg«. Untersuchungen zeigen, dass im Ausdruck von Gefühlen dem Klang der Stimme bis zu fünfmal so viel Bedeutung zukommt wie den Worten.

Über situationsbedingte Gefühle und Stimmungen hinaus zeigt die Stimme, wie eine Person ist und welche Eigenschaften sie hat. Hörer schließen immer aus der Klangfarbe auf Charakterzüge; Schauspieler oder auch Manager trainieren ihre Stimme, um sich selbst in einem positiven und dem eigenen Wunschbild entsprechenden Licht darzustellen. Wenn die »Klein-Mädchen-Stimme« sich ändert, ändern sich voraussichtlich auch die Eigenschaften in der »Klein-Mädchen-Persönlichkeit«.

Frauenstimmen – Männerstimmen

Die Stimme von Frauen und Männern wirkt jeweils anders auf Hörer. Kinder und Frauen haben in der Regel Stimmfrequenzen im hohen Bereich, Männer dagegen im unteren Bereich. In der Pubertät sinkt die Bubenstimme um etwa eine Oktave (acht Töne), die Mädchenstimme um eine Terz (drei Töne). Erwachsene Männer sprechen im Allgemeinen in einer Tonlage zwischen 120 und 180 Hertz, Frauen liegen im Durchschnitt eine Oktave darüber.

Frauen haben stimmliche Dominanz. Die weibliche Stimme übertönt die männliche. Dies wird oft als unsachlich oder emotional gedeutet. Studien zeigen, dass tiefe Männerstimmen, soweit sie nicht verstellt sind, bevorzugt werden. Deshalb schließen oft tiefe Männerstimmen die Reklamespots mit einer zusammenfassenden Bewertung des Produkts. Frauen mit tiefer Stimme oder mit verstellter Stimme werden eher negativ beurteilt, aber als kompetent eingestuft. Je weiter sich Stimmen – sowohl männlich als auch weiblich – von der gesunden Norm entfernen, desto unangenehmer und negativer kommen sie an. Die Indifferenzlage sowohl bei Männern als auch bei Frauen befindet sich im unteren Drittel des gesamten Stimmumfangs und wird als mittlerer Tonhöhenwert definiert.

Wenn weibliche Stimmen nach oben geführt werden, tendieren sie dazu, in die Kopfstimme zu kippen, und klingen dann dünn, piepsig und hektisch. Die Zuhörer haben den Eindruck übertriebener Emotionalität. Die betreffende Dame bekommt dann unter Umständen folgende Rückmeldung: »Bleiben Sie doch sachlich, Frau Kollegin!«

Folgen für die Kommunikation

Eine Studie der Karmasin-Motivforschung vom Juli 2004 in Österreich zeigt: Die Stimme ist ausschlaggebend für beruflichen Erfolg. Wenn eine Stimme gut klingt, wenn sie Autorität, Durchsetzungsvermögen, Glaubwürdigkeit und Kompetenz ausstrahlt, hört man ihr gerne zu, schenkt man ihr Vertrauen und Sympathie – Indikatoren, die den Erfolg im Berufsalltag maßgeblich mit beeinflussen. Den höchsten Stellenwert der Stimme sehen die Befragten bei öffentlichen Auftritten und im Verkauf (94 Prozent), gefolgt von Erstkontakten (93 Prozent), Präsentationen (92 Prozent), Schulungen und Vorträgen (89 Prozent), Durchsetzung in Teams (82 Prozent),

Bewerbungsgesprächen (78 Prozent) und zuletzt im zwischenmenschlichen Bereich (70 Prozent).

Positive und negative Wirkungen

Positiv

- Wenn die durchschnittliche Stimmhöhe in der Indifferenzlage des Sprechers liegt, empfinden die meisten Hörer das als natürlich und angenehm.
- Bei Männern werden die natürlich klingenden tieferen Stimmen oft positiv und als Ausdruck von Kompetenz bewertet.
- Deutliche Intonation signalisiert Selbstbewusstsein.
- Eine kräftige, aber nicht zu laute Stimme ist ein Zeichen von Dominanz und Vitalität.
- Stimmen mit mäßigem Flüsteranteil, dabei aber nicht kraftlos oder schüchtern, werden besonders bei Frauen von vielen Menschen als angenehm bewertet.

Negativ

- Eine viel zu hohe oder viel zu tiefe Stimme gilt als unnatürlich und als Abweichung von der Indifferenzlage.
- Eine zu hohe Stimmlage wird bei Frauen weniger kritisch beurteilt als bei Männern.
- Monotonismus gilt als unsozial und neurotisch.
- Eine nicht raumangemessene Lautstärke
- Eine nicht themenangemessene Lautstärke
- Eine nicht dem Gesprächspartner angemessene Lautstärke
- Stimmen mit einem starken Flüster- beziehungsweise Hauchanteil und geringer Lautstärke wirken schüchtern.

Die Stimme kann also, richtig eingesetzt, Autorität, Glaubwürdigkeit und Kompetenz aussenden, Zuhörer begeistern oder die Aufmerksamkeit fesseln. Vor allem entscheidet sie darüber, ob jemand als sympathisch empfunden oder abgelehnt wird. Hektisches Sprechen, Heiserkeit, Trägheit, unzureichende Modulation oder monotoner Tonfall bewirken das Gegenteil. Unternehmen, die Wert auf geschulte Stimmen legen, steigern ihre Chancen auf erfolgreiche Kommunikation. Sie haben nicht nur ein Gesicht, sondern auch eine Stimme.

Zusammenfassung

- Die Sprache und die Körpersprache des Kommunikationspartners behutsam zu spiegeln ist eine Möglichkeit, die Welt eines anderen zu betreten und eine Brücke zu ihm zu bauen. Wenn dies mit Achtsamkeit und Respekt getan wird, können Widerstand zum Verschwinden gebracht und Vertrauen aufgebaut werden. Das ist besonders dann sinnvoll, wenn ein gemeinsames Ziel erreicht werden soll.

- Menschliche Kommunikation läuft zu mehr als 50 Prozent über die Körpersprache, also über die Haltung, die Gestik und die Mimik. Bewusstes Wahrnehmen der eigenen Körpersprache und der des anderen lässt uns mehr über uns selbst und das Gegenüber erfahren und beeinflusst die Qualität der Kommunikation entscheidend mit.

- Sind die Aussagen der sprachlichen und körpersprachlichen Botschaft verschieden, so »sagt« die Körpersprache mit allergrößter Wahrscheinlichkeit die Wahrheit. Dennoch: Ein körpersprachliches Signal alleine macht noch keine gesicherte Aussage. Erst mehrere Signale im Verbund geben eine eindeutige Information.

- Dennoch: Die Körpersprache sagt oft mehr über die Authentizität des Sprechenden als seine Worte. Sie bestätigt und unterstützt die Glaubwürdigkeit, den Ernst, die Überzeugung, das Engagement und die innere Einstellung des Sprechers.

- Positive körpersprachliche Begleitsignale werden kaum bewusst wahrgenommen. Sehr wohl aber können positive verbale Mitteilungen durch eine negative Beziehung gestört werden.

- In einer positiven Beziehung werden Informationen durch die Körpersprache inhaltlich besser verstanden. Durch das Verständnis und Lesen der Körpersprache ist es einem aufmerksamen Zuhörer möglich, eine beginnende destruktive Gesprächsführung rechtzeitig in eine konstruktive Richtung zu lenken.

- Die menschliche Stimme spielt eine ganz besondere Rolle in der Kommunikation. Etwa ein Drittel des Eindrucks, den wir auf andere Menschen machen, wird von der Stimme repräsentiert. Die Stimme ist ein Schlüsselreiz, der innerhalb von wenigen Sekunden darüber entscheidet, wie der Sprecher von seinem Gesprächspartner wahrgenommen wird, welchen Anklang er auslöst, ob er Zustimmung oder Widerspruch erntet. Stimme kann Sympathien einbringen, andere für sich gewinnen oder von sich abstoßen.

- Unternehmen, welche Wert auf geschulte Stimmen ihrer Mitarbeiter/-innen legen, steigern ihre Chancen auf erfolgreiche Kommunikation.

Small Talk

Die große Kunst des kleinen Gesprächs

Kommt Ihnen die Situation bekannt vor? Sie werden zu einer Veranstaltung eingeladen, bei welcher viele interessante Menschen anwesen sind. Wie jedoch kommen Sie zwanglos mit einigen von ihnen ins Gespräch? Für »große« Themen ist dieses zwanglose Beisammensein unpassend, und sich nur lächelnd und nichts sagend zuzuprosten, ist für eine effiziente Kommunikation zu wenig. Die Lösung dafür heißt: Small Talk.

Im Coaching klagen viele Teilnehmer/-innen, dass sie sich unsicher fühlen, wenn sie in einer wenig vertrauten Umgebung mit gänzlich unbekannten Menschen ein Gespräch beginnen sollen. Und tatsächlich ist es keine leichte Übung, gänzlich ungezwungen und gleichzeitig auf unterhaltsame und kurzweilige Art mit Menschen zu kommunizieren, die man kaum kennt, welche gegebenenfalls beruflich und/oder privat für uns wichtige Partner sein können.

»Was soll ich sagen?«
»Wie kann ich ein Gespräch beginnen?«
»Wie kann ich als Gesprächspartner interessant wirken?«

Das sind die häufigsten Fragen, wenn es sich um Small Talk handelt.

Viele Menschen meinen, selbst kein Talent zum »Alleinunterhalter« zu haben, und blicken neidvoll auf die amüsanten Plauderer, die schwungvoll die Kommunikation einer Gesellschaft in Gang halten. Oft haben sie auch persönliche Bedenken, dass diese Form der Gespräche wenig Sinnvolles bietet keine inhaltlich sachliche Substanz habe – und man damit auf die anderen oberflächlich wirken könnte.

Auch wenn der »sachliche Gehalt« eines Small Talks oft von essenziell weniger Substanz ist, diese Form von Gesprächen sind keineswegs bedeutungslos. Sie dienen vielmehr der Beziehungspflege und sind eine Form des Sozialkontakts. Vielfach verspüren Gesprächspartner/-innen kein Bedürfnis, oder sie haben die Befürchtung, von unbekannten Menschen in ein »ernst geführtes oder »tiefgründiges« Gespräch hineingezogen zu werden.

Bei einem Small Talk tritt man zunächst miteinander in Gesprächskontakt, man steckt seine verbalen Kommunikationsgrenzen mit dieser Person ab und kann daher auch rasch wieder ein inessenzielles Gespräch abbrechen, ohne dabei dem anderen gegenüber als unhöflich zu gelten.

Auch bei gesellschaftlichen Anlässen, bei denen man auf Menschen trifft, zu welchen man bereits eine berufliche Beziehung unterhält oder gegebenenfalls in eine solche eintreten will, bietet Small Talk eine gute Einstiegshilfe. Bei einem Networking, einer Weihnachtsfeier, einem Festakt, einer Preisverleihung oder beim zufälligen Treffen auf einer Party eines gemeinsamen Bekannten hat man selbst auch einmal das dringende Verlangen, berufliche Gespräche zu vermeiden. Mit Small Talk hält man ein kommunikatives Instrument in der Hand, mit welchem man in der Lage ist, ist ein soziales Klima herzustellen und eine effektive Vertrauensbais aufzubauen. Denn der Weg zu »großen Themen« führt zumeist über das kleine Gespräch.

»Viel Kälte ist unter den Menschen, weil wir nicht wagen, uns so herzlich zu geben, wie wir sind.« Albert Schweitzer

Hinter der vordergründigen, manchmal nahezu infantil ausgeführten Sachinformation eines Small Talks wird stets eine Beziehungsinformation mitgeliefert: Diese kann Inhalte transportieren, wie zum Beispiel: dass man sich dem anderen verbunden fühlt/ihn als ganzheitliche Person annimmt/auf der Spur von Gemeinsamkeiten ist/Interesse an ihm oder ihr hat/ihn oder sie kennenlernen möchte/oder einfach an einer persönlichen Nähe Interesse bekundet.

Die beruflichen, sachlichen Gespräche verlaufen entspannter, wenn man sich zuvor schon zwanglos angenähert und einen Kontakt zum Gesprächspartner aufgebaut hat. Die »Beißhemmung« wird größer, die Chance auf ein wertschätzendes Miteinander – auch bei harten Sachthemen – steigt.

Wer es versteht, mit dieser Art des Zeitvertreibs umzugehen, und sich über ein verbales »Spiegelparkett« durch Stil und Ausdruckskraft bewegen kann, wird von der anwesenden Gesellschaft wahr- und angenommen und kann diese Chancen für einen Beziehungsaufbau für sich nutzen.

Und schließlich ist Small Talk gerade bei »gesellschaftlichen Anlässen« schlicht und einfach eine Form eines gesellschaftlichen, sozialen Spiels. Wer sich in diesem Spiel bewährt, wird wahrgenommen und beachtet. Wer sich aus diesem Spiel zurückzieht – vielleicht, weil er es wegen seiner »sachlichen Sinnlosigkeit« ablehnt –, verpasst eine Chance zum Beziehungsaufbau.

Gut vorbereitet ist halb gewonnen

Kaum jemand geht unvorbereitet in ein wichtiges Gespräch. Auch in ein Gespräch mit beruflich oder privat bedeutsamen Menschen sollten wir nicht ohne Vorbereitung gehen. Gut vorbereitet verliert man eher die Hemmung vor dem »zwanglosen« Gespräch, und der Mut für ein unverbindliches Gespräch steigt.

Diese Vorbereitung umfasst zwei wesentliche Fragen:

- Was interessiert den anderen?
- Was kann ich Interessantes bieten?

Ein gelungener Einstieg in den Small Talk ist stets, ein Lieblingsthema, ein Sachgebiet aus dem beruflichen oder privaten Spezialgebiet des anderen anzuschneiden – sei es in Form einer Frage, einer Bemerkung oder einer kleinen Anekdote, die man »so gehört hat ...«. Je mehr ich über den anderen, seine Interessen, seine Werte, seine Lebenssituation et cetera weiß, umso eher werde ich Themen anschneiden können, die die Aufmerksamkeit der Gesprächspartnerin/des Gesprächspartners erregen.

Zur Vorbereitung gehört auch, mit offenen Augen durch das Ambiente zu spazieren und schon vor Beginn eines Gesprächs interessante Anknüpfungspunkte zu sammeln. Wenn ich weiß, dass der Gesprächspartner ein Gourmet ist, werde ich – auch wenn ich ein absoluter Asket bin – die Buchbesprechung des neuesten Lokalführers zumindest überfliegen – und nicht gleich darüber hinwegblättern. Vielleicht findet sich ein Stichwort, eine Story oder eine Information darin, die ich in einen Small Talk einfließen lassen kann.

Auch eine Bestandsaufnahme der eigenen Themen lohnt sich: Was will ich meinem Gesprächspartner über meine Person/über meine Vorlieben anbieten, welche gesprächsinteressanten ungewöhnlichen, spannenden Erlebnisse, Informationen oder Geschichten habe ich in letzter Zeit erfahren, die auch andere Menschen ansprechen könnten? Je größer mein Fundus an Storys, humorvollen Erzählungen, spannenden Neuigkeiten aus aller Welt, et cetera ist, umso besser kann ich diese für meine Partner als gesprächskompatible Highlights wählen und damit in den Small Talk eintreten!

Unverfänglich einsteigen

Bei unverfänglichen Gelegenheiten kann man durchaus gleich mit einem adäquaten Thema beginnen. Ein stilvoller und unbedenklicher Weg ist die Verwendung der so genannten »GNA«-Formel (»Gruß«/»Name«/»Aufhänger«). Vor der Einleitung zu einem Gespräch sich selbst den Gesprächspartnern vorzustellen, empfiehlt die Etikette der Höflichkeit. Der eigenen Vorstellung einen Gruß/einen Titel voranzustellen, wird ebenfalls goutiert. Und als »Aufhänger« können eine Beschreibung der eigenen Funktion/der gesellschaftlichen Stellung zum Gastgeber (»Ich bin der Cousin zweiten Grades der angeheirateten Nichte der Tante des Jubilars ...«), positiv formulierte Eindrücke von dieser Zusammenkunft (»Diese Rede hat mich sehr beeindruckt ...«) oder auch eine Frage passend sein. Dabei ist es ratsam, dem Gesprächspartner in die Augen zu sehen, seine Hand fest zu drücken und ein ehrlich wirkendes, gewinnendes Lächeln aufzusetzen ...

Themenklassiker für den Small Talk

Unverfängliche und scheinbar belanglose Themen eignen sich bestens für den Small Talk. Wenn Sie für das Gespräch Energie und persönliches Engagement aufwenden, wird auch der Aufbau einer kommunikativen Beziehung von Erfolg gekrönt sein – unabhängig vom sachlichen Inhalt.

Solche Themen können sein:

- gemeinsame Erlebnisse,
- gemeinsame Bekannte,
- das Wetter,
- die Politik (mit etwas Vorsicht und eher allgemein halten),
- der Verkehr,
- der Sport,
- die Kultur,
- die Kulinarik,
- das Reisen,
- Tiere
- und vieles andere mehr.

Damit der Small Talk gelingt

Wenn Sie sich in der vorteilhaften Lage befinden, bereits den Namen Ihrer Gesprächspartnerin/Ihres Gesprächspartners zu kennen, ist es für den Gesprächsverlauf sehr günstig, diesen während des Gesprächs zu wiederholen. Schon Dale Carnegie hat gelehrt, dass viele Mitmenschen nichts lieber hören als den eigenen Namen. Wenn der andere auch noch mit einem gesellschaftlich anerkannten Titel aufwarten kann, bietet sich für Sie eine gute Gelegenheit, ihm nicht nur Ihre ungeteilte Aufmerksamkeit zu widmen, sondern seine Person selbst dadurch noch zu »ehren« – ohne dass es für Sie einen großen Aufwand bedeutet.

Viele Menschen hören sich selbst gerne reden. Findet ein geübter »Smalltalker« durch ein adäquates und nahezu 100 Prozent passendes Thema Zugang zu seinem Gesprächspartner, wirkt sich dies in direkter Weise auf die Gesprächsbereitschaft der anderen Person aus.

Diese beginnt in sehr vielen Fällen zu deklamieren und will aus reinem Mitteilungsbedürfnis heraus von selbst – so scheint es –

nicht mehr aufhören. Man selbst verbleibt dann oft nur mehr in der Rolle des »aktiven« Zuhörers, dem es hin und wieder gelingt, ein bedeutungsvolles »Ah ja« / »Mmmmh« / »beeindruckend« / »empfinde ich auch so« / »stimme ich mit Ihnen überein« et cetera einzuwerfen. Es genügt, bei passender Gelegenheit den Kopf zu schütteln, zu lächeln oder zu nicken und einen guten Blickkontakt zu pflegen. Zuhören ist wichtiger als reden – der »good listener« ist der bessere Smalltalker.

Denn: Ein Gesprächspartner, der sich gerne offenbart und sich ernst genommen fühlt, ist dankbar für einen geduldigen Zuhörer. Viel- und Gernredner sind im beruflichen Alltag manchmal ein Hindernis bei der Verfolgung unseres eigenen Zeitplans zur Bewältigung des Tagesablaufs – bei Partys, Festen und anderen Anlässen hingegen erleichtern sie einem das Leben, weil man durch einfaches Zuhören allein schon Vertrauen aufbauen kann. Vielredner bemerken oft gar nicht, dass der andere in einem Gespräch überhaupt nicht zu Wort kommt, und gewinnen den Eindruck, dass sein Gegenüber »ein interessanter Gesprächspartner« ist – wenn sie nur ausführlich genug ihre eigenen Erkenntnisse schildern können.

Auch durch Fragen lässt sich ein Gespräch vertiefen. Wer fragt, bekundet Interesse am anderen. Eine effizient formulierte Frage lenkt die Gedanken des Partners in eine bestimmte Richtung und ist eine elegante, unaufdringliche Form der Gesprächssteuerung. Bei Fragen ist es sehr wichtig, dass sie umgangssprachlich, das heißt in höflich-freundschaftlichem Ton, gestellt werden.

»Gesegnet seien jene, die nichts zu sagen haben und den Mund halten.« Oscar Wilde

Mit einer Frage lässt sich auch unauffällig eine eigene Botschaft unterbringen: »Wissen Sie, ich war voriges Jahr auch in der Antarktis, daher interessieren mich Ihre Erlebnisse dort ganz besonders!« Auch stockende Gespräche lassen sich durch Fragen meist recht gut wieder in Gang bringen.

Auf der nonverbalen Ebene verstärkt sich der Erfolg eines Small Talks durch Beachten und Spiegeln der Körpersignale. Es ist stets von Bedeutung, die Nähe zum Geprächspartner zu halten, die der andere vorgibt: Kommt er näher, können wir auch näher rücken, rückt er weiter weg, sollten auch wir die Distanz vergrößern. Steht der Small-Talk-Partner nur auf einem Bein, so ist es hilfreich, selbst auch so zu stehen und die eigenen Belange momentan zu vergessen.

Den Gesprächspartner auf allen Ebenen zu beachten – von der Körpersprache bis zu seinen »Lieblingsthemen« hin –, hat sich als die beste »Gesprächsstrategie« für konstruktiven Small Talk erwiesen. Wir werden dann als vertraut, sympathisch und »nahe« erlebt, wenn wir dem anderen auf möglichst vielen Ebenen begegnen, da es dabei in erster Linie um den Aufbau einer Beziehung geht. Und so gehen wir konform in der Körperhaltung, der Sprechweise, dem Tonfall, der Lautstärke, dem Dialekt/der Hochsprache bis hin zu den komplexen Kriterien der persönlichen Ziele oder Wertesysteme.

Zur hohen Kunst des Small Talks empfehle ich Ihnen das bewusste Wechseln von Gesprächsebenen. Wenn sich der Gesprächspartner beispielsweise ausführlich über die Qualität des angebotenen französischen Rotweins äußert, kann man ein solches Gespräch kontaktwahrend weiterführen, indem man auf die Vorzüge von Rotwein generell zu sprechen kommt. Diesbezüglich wechselt man also vom speziellen Gesprächsansatz in den abstrakteren. Ist der andere bereit, diesem geistigen Wechsel der Ebene zu folgen, hat man dadurch die Möglichkeit, mit einem neuen Beispiel in ein Themenfeld überzuleiten, in dem man selbst mehr konkretes Wissen offenbaren kann: »In der Toskana gibt es übrigens auch hervorragenden Rotwein! Und diese prachtvollen Landvillen! Wissen Sie, als ich vor gar nicht allzu langer Zeit dort war, da habe ich in ... gewohnt ..., et cetera, et cetera. Geschickte Smalltalker können durch den bewussten Wechsel von Konkret zu Abstrakt und wieder zurück ein Gespräch zielsicher auf ein gewünschtes Thema bringen – und dabei eine effektive Beziehung zur Gesprächspartnerin/zum Gesprächspartner wahren.

Der elegante Ausstieg

Untersuchungen haben ergeben, dass ein Gespräch von weniger als vier Minuten Dauer als unbefriedigend erlebt wird. Der Mensch benötigt eine gewisse Zeitspanne, um eine kommunikative Beziehung aufbauen zu können. Will man sich nach dieser Zeit höflich aus dem Gespräch zurückziehen, gibt es dafür mehrere Möglichkeiten:

- »Oh, ich sehe gerade, da kommt Frau Y! Darf ich Sie miteinander bekannt machen?« Jemand Dritten in ein Gespräch zu involvieren, ermöglicht einen unauffälligen Abgang, weil die/der andere ja mit dem neuen Gesprächspartner wieder mit einem Small Talk konfrontiert ist.

- »Ich hole mir etwas vom Büfett ...« Ein Vorwand oder eine sachliche Begründung wird meist gerne akzeptiert.

- »Es war schön, mit Ihnen zu plaudern! Ich möchte jetzt noch einige Worte mit Frau Z wechseln – entschuldigen Sie mich bitte.« Die mutigere Variante – aber kein Problem, wenn Sie dabei lächeln, die Körperdistanz leicht vergrößern und dann den Blickkontakt beenden. Wenn die Körpersprache stimmt, dann erlebt die/der andere Ihre Entschuldigung nicht als Desinteresse an seiner/ihrer Person – das ist das Wichtigste beim Small Talk.

- Will man den Gesprächspartner wiedersehen oder bei ihm in nachhaltiger Erinnerung bleiben, empfehle ich das Visitenkarten-Ritual: »Darf ich Ihnen meine Karte geben? Es hat mich sehr gefreut, Sie kennenzulernen ...« Nehmen Sie jede Vistitenkarte mit einem Ausdruck der Wertschätzung entgegen, betrachten Sie diese auf jeden Fall kurz und legen Sie sie daher nicht sofort weg. Achten Sie darauf, auf die entgegengenommene Visitenkarte keine Notizen zu machen, das ist ein grober Fauxpas. Wenn Sie für eine Notiz eine Visitenkarte benutzen wollen, verwenden Sie dafür ausschließlich Ihre eigene.

Zusammenfassung

- Effizienten Small Talk zu initiieren und zu führen ist keine leichte Übung, auch wenn die Gesprächsinhalte oft belanglos sind.

- Es lohnt sich auch, einen Small Talk konstruktiv vorzubereiten und mit voller Aufmerksamkeit zu führen, wenn Sie zu Ihrem Gesprächspartner eine vertrauensfördernde Beziehung aufbauen möchten.

- Effektiver Small Talk ist die Initialzündung für eine weitreichende persönliche oder geschäftliche Beziehung und ein wichtiger Impuls beim Networking.

Anhang

Lösungen

Lösung von Seite 58

Denkaufgabe

Überrascht? Niemand hat Ihnen vorgeschrieben, innerhalb des Rahmens zu bleiben!

Lösungsvorschläge von Seite 127

Aussage	Transaktion	Antworten
Chef zum Mitarbeiter: »Wie oft habe ich Ihnen schon gesagt, dass Sie die Ordner wieder an ihren Platz stellen sollen!«	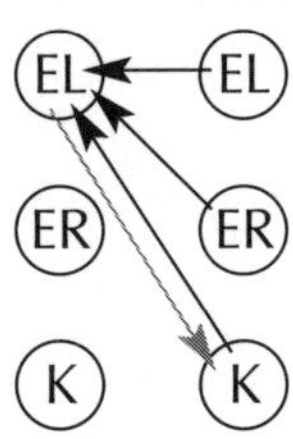	»Sie brauchen mich nicht zu belehren!« »Ist in Ordnung. Ich werde den Ordner an den Platz stellen.« »Müssen Sie mich immer zurechtweisen?« Oder: »Sie tun das ja auch nicht!«
Kollege zum Kollegen: »Wie spät ist es?«	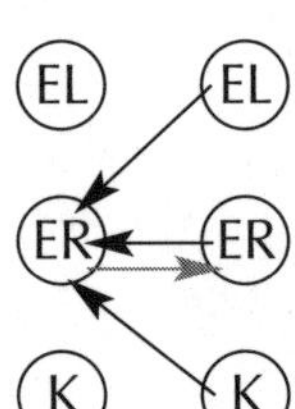	»Haben Sie kein Handy, wo Sie nachschauen können?« »Es ist 11.35 Uhr.« »Mir doch egal!«

Mitarbeiter zum Chef: »Bitte, habe ich das so richtig gemacht?«

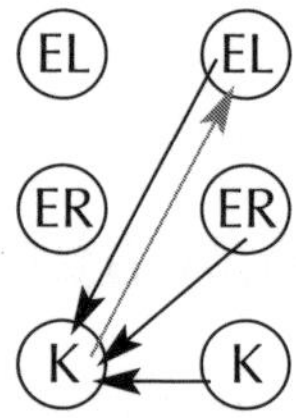

»Sie haben ja schon wieder nicht zugehört!«

»Damit Sie Ihr Schriftstück korrekt fertigstellen können, benützen Sie noch die Rechtschreibfunktion.«

»Ich würde jetzt am liebsten nach Hause gehen!«

Abteilungsleiter zum Kollegen: »In Ihrer Position können Sie sich so etwas nicht leisten!«

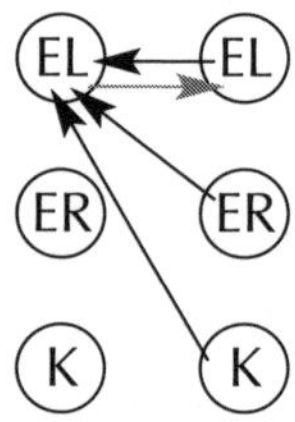

»Darauf brauchen Sie mich nicht extra hinzuweisen!«

»Danke, dass Sie mich darauf aufmerksam machen. Aus dieser Perspektive habe ich es noch nicht betrachtet.«

»Jetzt bin ich aber sauer!«

Kollegin zur Kollegin: »Heute spinnt er wieder einmal, der Alte!«

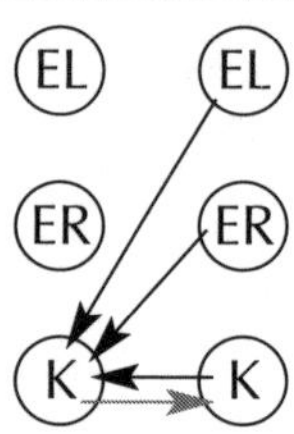

»Er kann sich wieder einmal nicht benehmen!«

»Vielleicht hat er einfach einen schlechten Tag.«

»Der spinnt ja immer!«

Chef jammernd zu anderem Chef: »Heutzutage kriegt man kein gutes Putzpersonal mehr.«

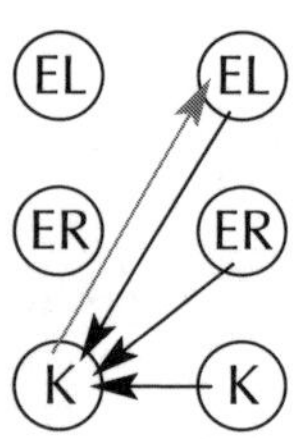

»Und? Da weißt du dir nicht zu helfen?«

»Ich habe gute Erfahrungen mit der Firma X. Ich lasse dir die Kontaktdaten zukommen.«

»Wem sagst du das? Meine sind auch alle faul und unbrauchbar.«

Chef zynisch zur neuen Sekretärin: »Kränken Sie sich nicht, Frau Huber, jeder Neuanfang ist schwer.«	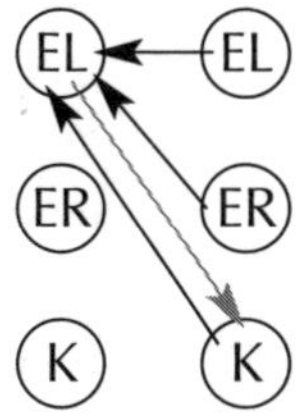	»Wie meinen Sie das?« »Gut Ding braucht Weile.« »Ja, ich bin wirklich arm.«
Mitarbeiter zum Chef: »Mit diesem neuen Programm kenne ich mich überhaupt nicht aus.«	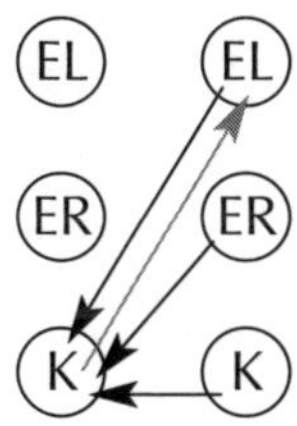	»Dann müssen Sie sich hinsetzen und alles noch einmal genau studieren.« »Ich verstehe. Welche zusätzlichen Informationen benötigen Sie?« »Und was, meinen Sie, was ich jetzt tun soll?«
Sachbearbeiter in einer Besprechung: »Objektiv verglichen ist das Angebot Y das wirtschaftlichste.«	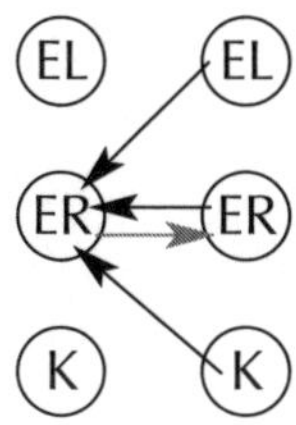	»Objektiv gesehen sind mir das zu wenig Angebote.« »Gut gemacht. Dann können Sie die Bestellung in Auftrag geben.« »Und Sie glauben, dass das genügt?«

Lösungsvorschläge von Seite 147

Vorwurf/Beschuldigung	Wunsch/Forderung
»Wie oft muss ich Ihnen noch sagen, dass Sie die Korrespondenz nicht so chaotisch ablegen sollen!«	»Bitte legen Sie ab jetzt die Briefe nach dem Datum ihres Einlangens in diesem roten Aktenordner ab.«

Vorwurf/Beschuldigung	Wunsch/Forderung
»Von Ihnen habe ich noch nie eine klare Auskunft bekommen!«	»Bitte erklären Sie mir welche neuen Informationen es in dieser Angelegenheit gibt.«
»Sie sind am Telefon immer so unfreundlich!«	»Bitte melden Sie sich am Telefon mit Ihrem Namen, unserer Firma und einem lächelnden Gruß.«
»Deine Mutter ist eine schreckliche Nervensäge!«	»Bitte unterstütze mich beim nächsten Besuch deiner Mutter, wenn sie mich wieder wegen meines Berufes kritisiert.«
»Wie oft habe ich dir schon gesagt, dass man mit Erwachsenen nicht in diesem Ton spricht!«	»Bitte sprich mit Tante Anna in höflichem und ruhigem Ton.«
»Was fällt dir ein, so verschwenderisch mit dem Haushaltsgeld umzugehen!«	»Bitte führe ab morgen ein Haushaltsbuch, damit wir unsere Ausgaben gut im Überblick behalten können.«
»Diese schreckliche Musik hält ja keiner aus!«	»Bitte stelle den CD-Player leiser oder verwende Kopfhörer!«

Lösungen von Seite 153

Aktives Zuhören: Paraphrasieren – Verbalisieren

Antwortmöglichkeiten: KVB (keines von beiden),
P (Paraphrasieren),
V (Verbalisieren)

1. a) KVB	2. a) V	3. a) KVB	4. a) P	5. a) KVB
b) V	b) KVB	b) KVB	b) KVB	b) V
c) KVB	c) P	c) P	c) KVB	c) P
d) P	d) KVB	d) V	d) V	d) KVB

6. a) P	7. a) V	8. a) KVB
b) KVB	b) KVB	b) KVB
c) V	c) KVB	c) V
d) KVB	d) P	d) P

Lösungsvorschläge von Seite 164

Gewaltfreie Kommunikation nach Marshall Rosenberg

Aggressive Äußerung – »verstecktes« Bedürfnis

Vorschläge für unerfüllte Bedürfnisse:

1. Bedürfnis nach Ruhe, nach Schlaf
2. Bedürfnis nach Ordnung, nach Anerkennung der väterlichen Regeln und der väterlichen Autorität
3. Bedürfnis nach Ordnung; eventuell Bedürfnis, eigene innere Spannungen abzubauen
4. Angst vor Verlust
5. Bedürfnis nach Respekt der Partnerin, nach einem konfliktfreien Wochenende, Bedürfnis nach Zweisamkeit
6. Schutzinstinkt, Verlustangst
7. Bedürfnis nach Respekt, nach Ordnung, Anerkennung von Regeln, Vermeidung zusätzlicher Arbeit
8. Bedürfnis nach Respekt, als Individuum wahrgenommen und mit seinen Gesundheitszielen ernst genommen zu werden
9. Bedürfnis nach Achtung, nach Respekt, als Individuum wahrgenommen zu werden
10. Bedürfnis nach Beachtung, Respekt, danach, in familiäre Entscheidungen mit einbezogen zu werden; eventuell auch Bedürfnis nach Ruhe und Entspannung

Lösungsvorschläge von Seite 170

Kommunikation mit vier Ohren

Nachricht	Verstehensmöglichkeit
Chef zur Sekretärin: »Frau Müller, ist der Brief schon fertig?«	Sachinformation: eine sachliche Frage
	Selbstoffenbarung: »Ich brauche den Brief schon dringend!«
	Appell: »Schreiben Sie endlich diesen Brief!«
	Beziehungsbotschaft: »Ich zweifle an Ihren Fähigkeiten zu schneller und präziser Arbeit.«
Ehemann zur Ehefrau: »Ich habe Hunger!«	Sachinformation: sachliche Mitteilung
	Selbstoffenbarung: »Mir geht es derzeit nicht gut.«
	Appell: »Gir mir was zu essen!«
	Beziehungsbotschaft: »Du achtest nicht darauf, ob ich verhungere oder nicht.«
Verliebter Mann zur Freundin: »Paris ist eine schöne Stadt.«	Sachinformation: Meinung über Paris
	Selbstoffenbarung: »Ich fühle mich dort wohl.«
	Appell: »Fahren wir dorthin!«
	Beziehungsbotschaft: »Mit dir wäre es in Paris besonders schön!«

Nachricht	**Verstehensmöglichkeit**
Kollege zur Kollegin: »Wir haben noch zwei Stunden Zeit für den Bericht.«	Sachinformation: Termin ist in zwei Stunden
	Selbstoffenbarung: »Ich habe Stress, diesen Bericht zu verfassen.«
	Appell: »Beeilen wir uns!«
	Beziehungsbotschaft: »Bitte hilf mir! – Ich vertraue dir!«
Freundin zur Hausfrau: »Dein Kaffee schmeckt großartig!«	Sachinformation: gute Kaffeesorte
	Selbstoffenbarung: »Ich fühle mich wohl bei dir.«
	Appell: »Schenk mir noch eine Tasse ein!«
	Beziehungsbotschaft: »Ich mag dich!«
Ehemann zur Ehefrau: »Ich habe noch zu arbeiten und gehe jetzt in mein Zimmer.«	Sachinformation: Habe noch Arbeit.
	Selbstoffenbarung: »Ich bin gestresst.«
	Appell:«Lass mich bitte in Ruhe arbeiten!«
	Beziehungsbotschaft: »Du nervst mich manchmal.«
Kollegin zur Kollegin: »Ist das Fenster offen?«	Sachinformation: sachliche Frage
	Selbstoffenbarung: »Mir ist kalt/heiß!«
	Appell: »Mach das Fenster auf/zu!«
	Beziehungsbotschaft: »Du denkst nur an dich!«

Nachricht	**Verstehensmöglichkeit**
Büroleiter an alle: »Rauchen ist ungesund!«	Sachinformation: medizinische Information
	Selbstoffenbarung: Zigarettenrauch stört mich.
	Appell: »Hören Sie endlich mit dem Rauchen auf!«
	Beziehungsbotschaft: »Ihr seid rücksichtslose Ignoranten!«
Abteilungsleiter zum Mitarbeiter: »Der Kostenvoranschlag erscheint mir zu optimistisch!«	Sachinformation: Meinung über Preissituation
	Selbstoffenbarung: »Ich bin pessimistisch.«
	Appell: »Rechnen Sie noch einmal genauer nach!«
	Beziehungsbotschaft: »Ich zweifle an der Gründlichkeit Ihrer Arbeit.«
Kind zur Mutter: »Das Eisgeschäft an der Ecke hat wieder offen.«	Sachinformation: sachliche Information
	Selbstoffenbarung: »Ich will ein Eis.«
	Appell: »Bitte kaufe mir ein Eis!«
	Beziehungsbotschaft: »Du bist eine liebe Mama, wenn du mir ein Eis kaufst.«

Literaturverzeichnis

Ingrid Amon: Die Macht der Stimme, Redline-Wirtschaftsverlag, 4. Neuauflage 2007

Barbara Berckhan: Die etwas intelligentere Art, sich gegen dumme Sprüche zu wehren, Verlag Heyne-TB, 2008

Eric Berne: Spiele der Erwachsenen, Rowohlt-TB, 2002

Jens Corssen: Der Selbst-Entwickler, Beust-Verlag, 2004

Paul Ekmann: Gefühle lesen: Wie Sie Emotionen erkennen und richtig interpretieren, Spektrum Akademischer Verlag, 2004

David Goleman: Emotionale Intelligenz, Dtv-Taschenbuch, 1997

Thomas Gordon: Die Neue Familienkonferenz: Kinder erziehen, ohne zu strafen, Heyne-TB, 1994

Thomas Gordon: Managerkonferenz: Effektives Führungstraining, Heyne-TB, 2005

Robert Griesbeck/Maximilian Teicher: Pimp your brain, Campus Verlag, 2008

Bernd Isert: Die Sprache der Veränderung, VAK Verlags GmbH, 2005

Norman Vincent Peale: Die Kraft positiven Denkens, Oesch Verlag, 2006

Carl Rogers: Entwicklung der Persönlichkeit, Verlag Klett Cotta-TB, 2008

Marshall B. Rosenberg: Das können wir klären, Junferman Verlag, 2004

Marshall B. Rosenberg: Gewaltfreie Kommunikation, Junfermann Verlag, 2004

Virgina Satir: Selbstwert und Kommunikation. Familientherapie für Berater und zur Selbsthilfe, Verlag Klett Cotta-TB, 2002

Gerhard Scheibel: Konflikte. Der praktische Ratgeber zur Problemlösung, edition nove, 2006

Friedemann Schulz von Thun: Miteinander Reden. Störungen und Klärungen, Ro-ro-ro-TB, 2002

Martin Seligmann: Pessimisten küsst man nicht, Verlag Knaur-TB, 2001

Fritz B. Simon: Die Kunst, nicht zu lernen, Verlag C. Auer, 2002

Reinhard K. Sprenger: Aufstand des Individuums, Campus Fachbuch, 2000

Reinhard K. Sprenger: Die Entscheidung liegt bei Dir, Campus Verlag, 2004

Reinhard K. Sprenger: Das Prinzip Selbstverantwortung, Campus Verlag, 2007

Thies Stahl: Neurolinguistisches Programmieren. Was es kann, wie es wirkt und wem es hilft, Verlag Pal, 1996

George Walther: Sag, was Du meinst, und Du bekommst, was Du willst, Econ Verlag, 1999

Paul Watzlawick: Menschliche Kommunikation. Formen, Störungen, Paradoxien, Verlag Huber, 2007

Paul Watzlawick: Die erfundene Wirklichkeit, Verlag Piper, 2008

Paul Watzlawick: Lösungen: Zur Theorie und Praxis menschlichen Wandels, Verlag Huber, 2008

Bitte beachten Sie
die folgenden Seiten